MEIN TRAUMGARTEN

Pflegeleichter Garten

Bisher sind in dieser Reihe erschienen:

- Balkon- und Terrassengarten
- Gemüsegarten
- Kräutergarten
- Obstgarten
- Rosengarten

Text: Birgit Kuhn
Titelabbildungen: mauritius images (u.), pixelio.de/Usch (o. 1. v. l.), pixelio.de/pixel-vun (o. 2. v. l.), fotolia.com/awfoto (o. 3. v. l.), fotolia.com/Olga Shelego (U4)
Typografischer Entwurf: Bettina Weisl
Umschlaggestaltung: Bettina Weisl

ISBN 978-3-8174-6637-5
5166371

Planung und Gestaltung 5

Anlage und Vorarbeiten 27

Pflegearbeiten 43

Pflanzenkunde von A–Z 57

Gartenkalender 74

Planung und Gestaltung

Attraktiv trotz wenig Arbeit

Sind Sie ein Gartenanfänger und wollen bei allen Tätigkeiten, die anfallen, auf Nummer sicher gehen? Oder haben Sie nicht viel Zeit, sich um ihren Garten zu kümmern? Dann ist ein pflegeleichter Garten genau das Richtige für Sie. Solche Gärten machen nicht viel Arbeit, und die Arbeit, die anfällt, macht Spaß – gelegentlich gießen, hin und wieder Mulch auftragen, Pflanzen aussuchen und einpflanzen und das Ernten. Obwohl der Aufwand gering ist, sieht der Garten rund ums Jahr gut aus. Wie ist das möglich?

Gut geplant ist halb gewonnen

Zunächst kommt es auf die Gartenplanung an. Sie stellt sicher, dass Sie pflegeleichte Gewächse an die richtigen Stellen pflanzen, und zwar so, dass alles miteinander harmoniert. Die Gartenplanung ist – auf den ersten Blick gesehen – vielleicht aufwendig. Doch die Arbeit und die Zeit, die Sie hier investieren, lohnt sich mehrfach: Nur so gelangen Sie zum optimalen Ergebnis und müssen hinterher nicht „nachbessern". Das spart Zeit, Geld und viel Arbeit.

Als Zweites spielt die Pflanzenauswahl eine entscheidende Rolle. Besonders pflegeleicht sind naturnahe Gärten. Hier wachsen überwiegend heimische Pflanzen, die an unser Klima und die Bodenverhältnisse angepasst sind. Sie brauchen deshalb keine besondere Pflege wie z. B. Winterschutz. Auch der Boden muss kaum „nachgebessert" werden. Aufwendiges Düngen oder gar ein Austausch des Bodens entfallen weitgehend. Heimische Pflanzen haben einen weiteren Vorteil: Sie bieten zahlreichen Tieren einen Lebensraum. Wenn Sie z. B. einen Reisighaufen liegen lassen, schaffen Sie Igeln und vielen weiteren natürlichen Schädlingsbekämpfern wie Marienkäfern, Florfliegen und Vögeln einen Unterschlupf. Auf diese Weise sparen Sie sich den Griff zur „chemischen Keule". Ein wenig „Unordnung" im naturnahen Garten ist nicht nur erlaubt, sie ist ein Teil des Plans und sogar notwendig!

Mit wie viel Arbeit muss ich rechnen?

Das hängt von der Größe Ihres Gartens ab. Und von den einzelnen Gartenbereichen. Wenn Sie sich für einen pflegeleichten Ziernaturgarten entscheiden, haben Sie weniger Arbeit als jemand, der darüber hinaus Gemüsebeete sowie Obstbäume und Sträucher im Garten hat. So gesehen, haben Sie, was den Arbeitsumfang betrifft, durchaus Spielräume. Ein weiterer Knackpunkt ist der Rasen. Wenn Sie auf Rasen nicht verzichten wollen, müssen Sie mit einem gewissen Aufwand rechnen – Rasen muss gemäht und gedüngt werden. Doch auch hier gibt es einige Tricks, die die Pflege erleichtern.

Was will ich, was ist möglich?

Wenn vom Gärtnern die Rede ist, denkt jeder vor allem an die Pflanzen. Doch sie sind längst nicht alles: Wer einen Garten besitzt, wünscht sich meist einen oder mehrere Sitzplätze, ein Gartenhaus etc. Das alles will gut platziert sein.

Gartenplanung mit Erfolgsgarantie

Am besten, Sie nehmen ein Blatt Papier und notieren sich Ihre Gartenwünsche in einer Liste. Dann erstellen Sie auf einem zweiten Blatt einen Plan des Gartens im Maßstab 1:100. 1 cm auf dem Papier entspricht 1 m im Garten. Am einfachsten und effektivsten ist es, wenn Sie sich aus farbigem Papier maßstabsgerechte Schablonen einzelner Elemente wie Gartenhaus und Terrasse anfertigen. So können Sie verschiedene Varianten „durchspielen“, bevor Sie sich entscheiden.

Tipps für die Gestaltung

- Reservieren Sie einen Bereich für Komposter, Gartenhaus und Regentonne. Der Komposter kann mit einer Hecke als Sichtschutz vom übrigen Garten abgetrennt werden.
- Sammeln Sie das Regenwasser des Gartenhauses in einer Regentonne. So brauchen Sie morgens die Gießkannen nicht zu füllen – das Wasser in der Regentonne ist weich und wohltemperiert.
- Planen Sie ein ausreichend großes Gartenhaus. Sie vermeiden dadurch Unordnung und haben alle Geräte schnell zur Hand.
- Montieren Sie an der Gartenhauswand einen Pflanztisch und bewahren Sie eine kleine Schaufel, eine Gießkanne, eine Bürste und Töpfe darunter auf. Frische Erde entnehmen Sie aus dem Komposter nebenan.

Planung in 3-D-Optik

Besonders einfach und arbeitssparend ist die Gestaltung mit elektronischen Gartenplanern. Sie berücksichtigen eine Fülle von Pflanzen und Gartenelementen wie Wege, Zäune, Gewächshäuser, Bänke etc. Das Ergebnis kann man sich realitätsnah in 3-D-Optik anzeigen lassen.

Wasser erhalten Sie von der Regentonne des Gartenhauses. Das spart nicht nur viele Wege; das Arbeiten am Pflanztisch ist rückenschonend und bequem.

- Pflastern Sie die Umgebung des Komposters mit großen Platten. So haben Sie, wenn Sie größere Mengen Erde entnehmen oder den Kompost sieben, genügend Platz, der leicht zu reinigen ist.
- Verzichten Sie auf Rasen, wenn Sie sich einen besonders pflegeleichten Garten wünschen. Eine Blumenwiese oder ein Belag aus Kies ist eine arbeitssparende Alternative.

Und die Pflanzen?

Woher weiß ich, welche Pflanzen ich wohin setzen kann? Bei der Pflanzenauswahl kommt es vor allem auf die Licht- und Bodenverhältnisse an. Beobachten Sie im Tagesverlauf, wie viel Sonne Ihr Garten an den verschiedenen Stellen abbekommt und zeichnen Sie sonnige, halbschattige und schattige Flächen in Ihren Plan ein. Diese Beobachtungen sind ein wichtiger Hinweis für die Pflanzenauswahl und den -kauf. Welche Pflanzen pflegeleicht sind und an welche Standorte passen, erfahren Sie in dem Überblick mit den Pflanzenportraits ab Seite 57.

Der Vorgarten – schön und praktisch

Vorgärten sollen nicht nur neugierig auf das Haus und den Garten machen. Sie dienen als Zugang zum Gebäude; oft sind hier auch noch Fahrradständer und Müllbehälter untergebracht. Trotzdem kann man mit nur geringem Aufwand aus diesem begrenzten Fleckchen Erde eine grüne Oase machen.

Pflastersteine, Kies & Co.

Ideal als Bodenbelag für kleine Vorgärten mit kurzen Wegen und kleinen Flächen sind

Pflastersteine bzw. Platten. Je größer die Platten, umso weniger können störende Pflanzen in den Fugen wachsen. Noch pflegeleichter sind Pflasterflächen, die fest verfugt verlegt wurden. Hier kann sich kein Bewuchs zwischen den Fugen bilden; für die schnelle Reinigung reicht ein Besen.

Ein naturnaher und pflegeleichter Belag für längere Gartenwege ist Kies, der zu den Seiten hin von Randsteinen eingefasst wird. Weil der Weg ständig betreten wird, kann sich hier kaum Unkraut ansiedeln. Wer eine gleichmäßige Fläche wünscht, streicht einfach mit einem Rechen darüber.

Klassisch oder bunt – die Pflanzen

Jetzt zu den Pflanzen: Gehölze sind ein guter Sichtschutz und zugleich ein Blickfang. Greifen Sie im Vorgarten zu kleinbleibenden Sorten – so sparen Sie bereits beim Kauf den Aufwand für den Rückschnitt. Bei kleinen Bäumen können Sie zwischen „Miniobstbäumen", fruchttragenden Zierbäumen oder Kugelbäumen wie z. B. Kugelrobinie, Kugeltrompetenbaum und Kugelsteppenkirsche wählen. Letztere wachsen von Natur aus in attraktiver Kugelform – hier entfällt nicht nur der Rückschnitt, ein Formschnitt ist ebenfalls nicht nötig.

Eine Alternative zu Minibäumen sind kleinwüchsige Sträucher, die ebenfalls kaum zurückgeschnitten werden müssen. Empfehlenswert sind z. B. Schmetterlingsstrauch, Ballhortensie, Deutzie, Spierstrauch, Flieder und Weigelie.

Wer es bunt mag, greift zu heimischen Stauden, d. h. zu robusten Naturstauden wie Akelei, Aster, Prachtspiere, Vergissmeinnicht, Tränendes Herz, Sonnenhut, Kugeldis-

Arbeitssparend pflanzen

Bodendecker werden im Abstand von 20 bis 30 cm gepflanzt. Je dichter Sie die Pflanzen anordnen, umso schneller schließen sich die Lücken, und es bleibt kein Platz für Unkraut. Besonders arbeitssparend ist es, wenn sie die Pflanzen dicht setzen und mit einer Schicht Mulch bedecken (vgl. Seite 55 f.).

tel etc. Sie bilden mit der Zeit große Horste bzw. Samen aus. Stauden können sehr gut mit Bodendeckern, Farnen und Gräsern kombiniert werden. Alles zusammen ergibt mit der Zeit einen dichten Bewuchs, der kaum Pflege erfordert.

Ideale Partner: Bodendecker

Zu blühendem und fruchttragendem Gehölz passen sehr gut Bodendecker. Diese gibt es für alle Standorte, als immergrüne oder flächig blühende Pflanzen und in verschiedenen Wuchshöhen. Bodendecker gehören zu den pflegeleichtesten Pflanzen überhaupt: Abgesehen von ein wenig Dünger kann man sie getrost sich selbst überlassen. Da sie den Boden großflächig bedecken, kann kaum Unkraut aufkommen; zusätzlich halten sie den Boden feucht, und Sie brauchen weniger zu gießen.

Der Mittelpunkt im „grünen Wohnzimmer“: die Terrasse

Die Terrasse ist der Eingang zum „grünen Wohnzimmer“, sprich: dem Garten. Obwohl sie direkt an das Haus grenzt, ist sie sein eigentlicher Mittelpunkt. Egal, ob man zusammen isst, ein Buch liest oder Musik hört – die meiste Zeit, die man sich im Garten aufhält, verbringt man dort.

Eine Terrasse will gut geplant sein. An allererster Stelle kommt die Größe. Hier gilt: Planen Sie möglichst großzügig. Ideal ist eine Fläche von 5 x 8 m.

Auf einer großen Terrasse hat alles Platz, was das Leben im Garten angenehm macht: Liegestühle und Tischchen, Grill, Sonnenschirm, ein paar Topfpflanzen, ein Planschbecken für die Kinder oder sogar eine Tischtennisplatte. Auf diese Weise sparen Sie sich bereits bei der Planung das aufwendige Hin- und Herräumen.

In einem großen Garten mit Gefälle ist es reizvoll, die Terrasse auf zwei Ebenen anzulegen – oben die Grillecke und unten ein weiterer Sitzplatz.

Bau und Belag

Damit die Terrasse mit der Zeit nicht absinkt und eben bleibt, braucht man einen Unterbau. Wählen Sie einen aus Kies und Sand – so sparen Sie sich das Anrühren großer Mengen Beton.

Kleiner Garten – große Terrasse

Je kleiner der Garten, desto größer die Terrasse: Wer nur ein winziges Fleckchen Außenfläche zur Verfügung hat, sollte die Terrasse so groß wie möglich bauen, bis nur noch ein schmaler Streifen am Rand für eine Hecke als Abgrenzung zu Nachbarn und Straße übrig bleibt. So wird aus einem Minigarten ein großzügiger und zugleich pflegeleichter Terrassengarten mit viel Platz für dekorative Topfpflanzen jeder Form, Farbe und Größe.

Und so geht's: Zuerst wird der Boden ausgehoben. Wie tief Sie graben müssen, berechnet sich nach dem Belag. Die richtige Tiefe erhalten Sie, indem Sie zur Höhe des Belags 20 cm addieren. Verdichten Sie den Boden nach dem Aushub mit einer Rüttelmaschine, füllen Sie Kies in einer Höhe von 15 cm auf, verdichten Sie den Boden erneut und füllen Sie weitere 5 cm mit Schotter auf, den Sie mit einem Rechen glatt harken.

Schotter macht die Terrasse pflegeleicht – er verhindert, dass sich Ameisen ansiedeln! Außerdem hält Split weniger Feuchtigkeit als Sand, sodass Unkräuter zum Teil von allein eingehen, wenn sich die Terrasse über mehrere Tage erwärmt und kein Regen fällt.

Nun zum Belag: Wenn Ihre Terrasse in der Sonne liegt, ist Holz eine gute Wahl. Es ist schnell zu verlegen. Die einzelnen Dielenbretter werden auf einem Holzrahmen, der auf dem Sandbett aufliegt, fest verschraubt. Dazu kommen weitere Vorteile: Holz erwärmt sich schnell, ist rutschfest und mit einem Besen leicht sauber zu halten.

Ein gewisses Maß an Pflege ist jedoch notwendig: Streichen Sie unbehandelte Harthölzer zu Beginn und zum Ende der Saison mit speziellem Holzöl. Wählen Sie möglichst Hölzer, die nach DIN EN 350-2 zur Dauerhaftigkeitsklasse 1 bis 2 zählen, d. h. als dauerhaft bis sehr dauerhaft gekennzeichnet sind. Dazu gehören heimische Hölzer wie Robinie und die europäische Eiche sowie Tropenhölzer. Dauerhafte Hölzer halten durchschnittlich rund zehn Jahre, sehr dauerhafte weitere drei Jahre.

Suchen Sie einen absolut beständigen Belag? Dann sind Steine – Natur- oder Betonsteine

sowie Klinker – die richtige Wahl für Sie. Diese können direkt auf das Sandbett oder auf eine Schicht Beton verlegt werden; die Randsteine sollten in jedem Fall einbetoniert werden, damit sie nicht zur Seite kippen. Der Pflegevorteil: Dieser Belag muss nicht ausgetauscht werden.

Doch es gibt auch einen Nachteil: In den Fugen siedeln sich oft Moose und andere Pflanzen an. Dieser Bewuchs muss jedoch nicht immer entfernt werden: Zwischen Straßenpflastersteinen aus Granit oder auch Basalt schafft das Moos einen fließenden Übergang zur grünen Umgebung.

Wenn Sie Moos dennoch stört, hilft ein Trick: Je größer die Platten und je kleiner die Fugen, umso weniger Bewuchs kommt auf. Allem, was dann noch wächst, können Sie leicht und umweltschonend mit einem Abflammgerät oder auch mit heißem Wasser zu Leibe rücken.

Noch pflegeleichter sind übrigens Natursteine, die fest verfugt in einem Mörtelbett verlegt werden. Hier kann sich kein Bewuchs ansiedeln. Um die Fläche sauber zu halten, reicht es, sie ab und an zu kehren. Der Nachteil: Solche Flächen können, je größer sie sind, ein wenig monoton und steril wirken. Dazu kommt, dass nach einem Regenguss die Terrasse länger nass bleibt: Das Wasser kann nicht versickern, es muss zur Seite und nach vorn ablaufen.

Pflegeleichte Gartenmöbel

Wer sich das Hin- und Herräumen der Möbel sparen will, sollte zu robusten und pfle-

geleichten Gartenmöbeln greifen. Qualitativ hochwertige Möbel sind witterungsbeständig und können das ganze Jahr über im Freien stehen. Welche Materialien kommen dafür infrage? An allererster Stelle steht Metall wie Aluminium und verzinktes Eisen: Metallmöbel lassen sich mit einem feuchten Tuch einfach und schnell reinigen. Entsprechendes gilt für Kunststoffmöbel. Während Gussgartenmöbel oft klassischen Designs nachempfunden sind, sind Kunststoffmöbel von einer modernen Formgebung geprägt.
An zweiter Stelle, was den Pflegeaufwand betrifft, stehen Metallmöbel mit Holzauflagen aus witterungsbeständigen, ausgewählten Harthölzern, z. B. Eukalyptus, Teak oder Robinie. Diese Hölzer brauchen keinerlei Pflege wie etwa Lasuren oder Lacke, um sie vor der Witterung zu schützen. Unbehandelt wird die Oberfläche von Teak und Robinie mit der Zeit silbergrau. Leider bleibt es dabei meist nicht – Tau, Regen und Schnee hinterlassen Ablagerungen, die unschöne Flecken bilden. Empfehlenswert ist es daher, die Möbel einmal im Jahr mit einem Topfreiniger, warmem Wasser und Naturseife zu schrubben.
Wenn Sie den ursprünglichen Holzton behalten möchten, sollten Sie nach der Reinigung die Möbel mit Teak- bzw. Robinienöl einreiben. Wichtig: Achten Sie darauf, dass das Holz staubfrei und trocken ist. Die entsprechenden Öle erhalten Sie von dem Fachhändler, der Ihnen die Möbel verkauft hat.

Formschön, aber teuer

Formschön, aber ausgesprochen pflegeintensiv sind Gartenmöbel aus reinem Hartholz: Bei der Reinigung und dem Einölen ist eine viel größere Fläche zu bearbeiten als bei Gartenmöbeln aus Metall und Hartholz. Dazu schlagen auch die Kosten für das Spezialöl sehr viel stärker zu Buche. Solche Möbel sind, wenn überhaupt, nur für überdachte Sitzplätze zu empfehlen.
Bleibt die Frage: Für welche Holzart – Teak oder Robinie – sollte man sich entscheiden? Beide Hölzer haben eine ähnliche rotbraune Farbe, die nach einer Weile silbergrau wird, und sind in gleicher Weise wetterfest. Dennoch gibt es einen wesentlichen Unterschied: Teakhölzer stammen aus Plantagen, für die tropischer Urwald abgeholzt wurde. Anders die Robinie: Sie gehört zu heimischen Hölzern, die nachgepflanzt werden.

Treppen und Wege

Treppen und Wege haben vor allem einen praktischen Zweck: Sie führen von einem Gartenbereich zum anderen, wobei man mit Treppen Höhenunterschiede überwindet. Sehr schnell und einfach zu verlegen sind solche aus großen Natursteinen. Es gibt keine Fugen und Begrenzungen, sie sind absolut stabil und fügen sich harmonisch in die Umgebung ein.
Noch mehr als Treppen gliedern Wege den Garten optisch. Und das ist der Knackpunkt: Bevor Sie sich dazu entscheiden, wo Sie einen Weg anlegen möchten, sollten Sie sehr genau überlegen, ob er überhaupt notwendig ist. In kleinen Gärten zerteilen Wege die ohnehin begrenzte Fläche in einen „Flickenteppich", der oft sehr unruhig wirkt. Wenn Sie eine Befestigung dennoch als sinnvoll erachten, reicht es häufig schon, die Trittplatten aus Naturstein einzeln zu verlegen. Das geht recht einfach, und die Platten müssen nicht gepflegt werden.
Wer seinen Weg pflastern möchte, greift am besten zu denselben Steinen bzw. Platten, die bereits für die Terrasse verwendet wurden. Das verleiht selbst kleineren Gärten Großzügigkeit.
Beim Verlegen eines Wegs gehen Sie ebenso vor wie beim Verlegen der Terrasse: Hier reicht es jedoch in der Regel, wenn Sie den Boden so tief ausheben, dass er mit einer 15 cm tiefen Sandschicht und den Pflastersteinen aufgefüllt werden kann.

Gemüsebeete: wenig Aufwand – viel Ertrag

Viele Gartenfreunde wollen nicht auf selbst gezogenes, gesundes und vor allem frisches Gemüse verzichten. Aber selbst Gemüse anbauen? Das klingt nach anstrengender Arbeit. Doch das muss nicht sein. Die Arbeitserleichterung beginnt bereits mit der Wahl des Standorts. Gemüse braucht einen sonnigen Platz. Ferner ist die Art des Beets für einen Ernteerfolg ohne großen Aufwand ausschlaggebend.

Mehr Ernte mit dem Hochbeet

Eine besonders komfortable und arbeitssparende Variante sind Hochbeete. Diese werden in einer etwa 0,50 bis 1 m hohen kastenförmigen Einfassung angelegt.

Sie können ein Hochbeet selbst aus Natursteinen, Ziegel oder Holz bauen. Noch einfacher und arbeitssparender ist es, wenn Sie einen fertigen Bausatz kaufen. Fertige Hochbeete in verschiedenen Größen und Materialien gibt es in Gartenfachcentern oder übers Internet.

Besonders pflegeleicht sind Hochbeetumrandungen aus beständigen Materialien wie Recyclingkunststoffen, Beton- oder Natursteinen sowie Metall. Dazu kommen Hölzer der Dauerhaftigkeitsklasse 1 bis 2 wie z. B. Robinie oder Eiche. Diese Hölzer halten, auch wenn sie direkt mit Erde in Kontakt kommen, in unserer Klimazone bis zu 25 Jahre.

Ist die Umrandung aufgestellt, sollten Sie Hasengitter auf dem Boden auslegen und mit der Umrandung verankern. Auf diese Weise beugen Sie unerwünschten Besuchern wie Wühlmäusen und Maulwürfen vor.

Am besten, Sie stellen das Hochbeet im Herbst auf. Dann fällt genügend organisches Material an, mit dem Sie es befüllen können. Der Vorteil: Größere Teile, z. B. Heckenschnitt, können sehr gut im Hochbeet als unterste Schicht entsorgt werden. Anschließend können Sie unreifen Kompost, gemischt mit Laub, auffüllen. Zuletzt folgt eine etwa 15 cm hohe Schicht aus reinem, reifem und feinkörnigem Humus. Die Schichtung ist nicht nur praktisch. Die Verrottung erzeugt Wärme und ergibt eine gute Humusqualität – beides zusammen sorgt für hohe Erträge.

So gelingt der Anbau

Wenn Sie ein Hochbeet aus Holz bauen, sollten Sie es innen mit Teichfolie auskleiden. So wird verhindert, dass das Holz ständig feucht ist und schneller verrottet. Achten Sie außerdem darauf, dass Ihr Hochbeet höchstens 1,20 m breit ist – nur dann können Sie bequem von beiden Seiten die Mitte des Beets erreichen.

Mehr gesundes Gemüse mit Mischkultur

Gemüseart	günstige Kombination	ungünstige Kombination
Buschbohnen	Erdbeeren, Gurken, Kartoffeln, Kopfsalat, Radieschen, Rettich, Salbei, Tomaten	Erbsen, Lauch, Zwiebeln
Erdbeeren	Karotten, Knoblauch, Kohlgewächse, Rettich, Zwiebeln	Gurken
Feuerbohnen	Kohlrabi, Kopfsalat, Rettich	Erbsen, Fenchel, Lauch, Zwiebeln
Gurken	Buschbohnen, Dill, Fenchel, Kartoffeln, Knoblauch, Kohlrabi, Kopfsalat, Rettich, Stangenbohnen, Zwiebeln	Erdbeeren, Rettich, Tomaten
Karotten	Erbsen, Erdbeeren, Knoblauch, Kopfsalat, Lauch, Rettich, Tomaten, Zwiebeln	Rote Beete
Kartoffeln	Buschbohnen, Kohlgewächse, Kopfsalat	Erbsen, Kohlgewächse, Kürbis, Tomaten
Knoblauch	Erdbeere, Gurken, Karotten, Tomaten	Buschbohnen, Erbsen, Kohlgewächse, Stangenbohnen
Kopfsalat	Buschbohnen, Erbsen, Erdbeeren, Feuerbohnen, Gurken, Karotten, Lauch, Rettich, Stangenbohnen, Tomaten, Zwiebeln	Sellerie
Kürbis	Zuckermais	Kartoffeln
Lauch	Erdbeeren, Karotten, Kopfsalat, Tomaten	Buschbohnen, Erbsen, Feuerbohnen, Stangenbohnen
Rettich	Buschbohnen, Erbsen, Erdbeeren, Feuerbohnen, Karotten, Stangenbohnen, Tomaten	Gurken
Stangenbohnen	Kopfsalat, Rettich, Tomaten	Knoblauch, Lauch
Tomaten	Buschbohnen, Karotten, Knoblauch, Kopfsalat, Rettich, Zwiebeln	Erbsen, Gurken, Kartoffeln
Zucchini	Karotten, Lauch, Rettich, Stangenbohnen, Zwiebeln	–
Zwiebeln	Erdbeeren, Feuerbohnen, Gurken, Karotten, Kopfsalat, Petersilie, Tomaten	Buschbohnen, Lauch, Stangenbohnen

Gärtnern mit Erfolgsgarantie

Ein Hochbeet können Sie sehr gut im Stehen oder sogar im Sitzen bepflanzen und pflegen – das lästige Knien auf dem Boden fällt komplett weg. Auch der Arbeitsumfang verringert sich: Da von den Rändern aus kein Unkraut eindringen kann, müssen Sie weniger jäten. Mit einem Schneckenzaun, der am Rand des Hochbeets montiert wird, können Sie auch den Schneckenbefall sehr gut eindämmen.

Geschickte Pflanzenauswahl

Die entscheidende Frage beim Gemüseanbau: Was pflanze ich wohin? Denn nicht alle Pflanzen vertragen sich gleich gut. In bestimmten Pflanzengesellschaften entwickeln sich manche Pflanzenarten schlecht, während andere besonders gut gedeihen. Es kommt also darauf an, die passenden Pflanzen auszuwählen und zu kombinieren. Die gärtnerische Praxis hat gezeigt, welche Pflanzen besonders gut harmonieren. Man spricht in diesem Zusammenhang von Mischkultur.

Richtiger Standort – wenig Arbeit

Gemüse braucht viel Sonne; die ideale Ausrichtung für ein Gemüsebeet ist daher die Nord-Süd-Richtung. Zusätzlich sollten Sie berücksichtigen, welches Gemüse Sie an welcher Stelle zuvor angebaut haben. Man

Übersicht: Stark-, Mittel- und Schwachzehrer

Starkzehrer	**Mittelzehrer**	**Schwachzehrer**
Gurken, Kartoffeln, Kürbis, Lauch, Tomaten, Zucchini	Knoblauch, Radieschen, Zwiebeln	Bohnen, Erbsen

nennt die Abfolge der (Gemüse-)Kulturen Fruchtwechsel, Fruchtfolge oder Kulturfolge. Die gärtnerische Erfahrung zeigt, welche Fruchtfolge die besten Erträge bringt, die Pflanzen vor Schädlingsbefall und Krankheiten schützt und Ihnen damit Arbeit erspart. Gemüsepflanzen entziehen dem Boden unterschiedliche Nährstoffmengen. Aus diesem Grund teilt man sie in Stark-, Mittel- und Schwachzehrer ein und stimmt die Fruchtfolge darauf ab.

Wie funktioniert der Fruchtwechsel?

Im ersten Jahr werden auf einem Beet die Starkzehrer angebaut, im zweiten Jahr die Mittel- und im dritten Jahr die Schwachzehrer. Nach einer dreijährigen Fruchtfolge, wenn die Starkzehrer auf das Beet zurückkehren, benötigt der Boden wieder Dünger in Form von Humus bzw. Gründüngung.
Damit Sie mehrere Gemüsearten anbauen und die Vorteile der Mischkultur nutzen können, sollten Sie Ihren Gemüsegarten in vier Beete einteilen, je eines für die Stark-, Mittel und Schwachzehrer sowie eines für die Pflanzen, die länger als ein Jahr auf einer Fläche bleiben können.

Tomaten und Erdbeeren

Obwohl sie zu den Starkzehrern gehören, gedeihen Tomaten und Erdbeeren längere Zeit am besten in ihrer eigenen Umgebung. Deshalb können Tomaten zwei Jahre hintereinander auf demselben Beet stehen, Erdbeeren sogar drei Jahre.

Pflegeleichte Blütenvielfalt

Blumen sind das Schmuckstück jedes Gartens. Sie bilden bunte Farbtupfer, die jedes noch so kleine Fleckchen Erde zur Wohlfühloase machen. Am arbeitssparendsten ist es, wenn Sie heimische Naturstauden pflanzen: Sie sind an unser Klima und die Standortbedingungen angepasst und benötigen kaum Pflege.

Blütenpracht im Frühjahr

Wird der Standort neu bepflanzt, bleiben am Anfang Lücken zwischen den Stauden. Aber auch das ist kein Problem. Pflanzen Sie einfach pflegeleichte Blumen an die freien Stellen.
Die ersten Blumen im Gartenjahr sind Frühjahrsblüher wie Schneeglöckchen, Märzen-

becher, Traubenhyazinthe, Tulpe & Co. Hier heißt es, rechtzeitig an das Einpflanzen zu denken. Schließlich müssen diese Blumen bereits ab dem Spätsommer für das kommende Jahr gepflanzt werden. Wer Zwiebelpflanzen wählt, die, wie die oben genannten Pflanzen, zum Verwildern geeignet sind, muss die Zwiebeln nur einmal setzen. Mehr noch: Da diese robusten Sorten Tochterzwiebeln bilden, wird die Blütenpracht von Jahr zu Jahr üppiger – und das ganz ohne Arbeit!

Lückenfüller im Sommer

Und was blüht im Sommer zwischen den Stauden? Ein- und zweijährige Pflanzen sind ideale Lückenfüller. Sie können die Blumen einfach und arbeitssparend mit einem Saatband oder großflächig in Saatplatten aussäen. Bei Saatbändern bzw. -platten sind die Abstände zwischen den Samen so berechnet, dass die Pflanzen in den richtigen Abständen

wachsen – ein späteres Umpflanzen ist nicht nötig. Noch einfacher und schneller blüht es, wenn Sie die Blumen im Gartenfachmarkt fertig im Töpfchen kaufen und direkt an Ort und Stelle einpflanzen.
Oder Sie füllen die Lücken mit blühenden Bodendeckern. Empfehlenswert sind z. B. Storchschnabel (Geranium), Mauerglockenblume (Campanula poscharskyana), Immergrüne Schleifenblume (Iberis sempervirens) oder Kleines Immergrün (Vinca minor).

Obstbäume und -sträucher

Obstbäume, vor allem Apfelbäume, sind ein echter Blickfang: Im Frühjahr sind sie über und über mit Blüten bedeckt, an deren Stelle dann kurz darauf Früchte hängen – zum Anbeißen schön!

Kleiner Baum mit großer Wirkung

Bei der Wahl des Obstbaums sind folgende Aspekte wichtig: Pflegeleicht sind mittelstarkwüchsige alte Sorten und Unterlagen, die wenig anfällig gegen Schädlinge und

Krankheiten sind. Der Vorteil: Das Zurückschneiden der Bäume hält sich in Grenzen, und Sie können jedes Jahr mit einer guten Ernte rechnen. Informieren Sie sich am besten in einer Gärtnerei, welche Sorten für die Klima- und Bodenverhältnisse in Ihrem Garten infrage kommen.

Noch einfacher ist das Zurückschneiden und Ernten, wenn Sie auf Stammformen und Unterlagen ausweichen, die sicherstellen, dass der Baum kleinwüchsig bleibt. Die Unterlage ist der Teil des Baums, der die Wurzel bildet und auf dem die Edelsorte veredelt ist. Eine schwach wachsende Unterlage für Äpfel ist z. B. M26 – sie kommt auch mit schlechteren Böden gut zurecht und ist absolut frosthart. Ebenfalls schwach wachsend, aber anspruchsvoller, was die Bodenqualität betrifft, sind M9 und M27.

Obstbäume im Kübel

Ideal für Minigärten sind schwachwüchsige Obstbäume, die an der Hauswand als Spalier gezogen werden. Alternativ dazu können Sie Spalierobstbäume an einem Drahtzaun oder an fest gespannten Drahtseilen in Form bringen und eine Obsthecke als Abgrenzung zum Nachbarn ziehen.

Besonders viele Obstsorten können Sie pflanzen, wenn Sie auf Säulenobst ausweichen. Säulenobstbäumchen sind so klein und schmal, dass sie im Topf auf dem Balkon oder der Terrasse Platz haben.

Diese Bäumchen sind nicht nur besonders dekorativ, man kann sie auch sehr leicht ernten. Außerdem ist der Aufwand beim Schneiden minimal – es bilden sich nämlich kaum Seitentriebe. Falls doch, dann werden diese Triebe im Sommer nach der Ernte auf 20 cm Länge eingekürzt. Dazu kommt, dass moderne Säulenobstsorten resistent gegenüber den meisten Obstbaumkrankheiten sind.

Zur Wahl der Unterlage kommt die Stammform: Ideal sind Obstbäume in Spindelbusch- und Buschform. Bei Spindelbüschen beginnen die Seitentriebe bereits in einer Höhe von 40 cm; bei Bäumen in Buschform sind die Stämme nur wenig höher.

Da der Stamm also bei beiden Baumformen verhältnismäßig kurz ist, braucht man beim Ernten und Schneiden keine Leiter.
Stichwort Ernte: Anders als Hochstämme tragen diese kleinwüchsigen Bäume bereits im ersten Jahr nach der Pflanzung! Da Spindelbüsche mit 6 bis 10 m^2 Fläche auskommen, können Sie ruhig mehr Bäume pflanzen, größere Ernte inklusive.

Baumschnitt

Kaum eine gärtnerische Aufgabe ist so umstritten wie der „richtige" Schnitt. Worauf kommt es in erster Linie an? Entfernen Sie tote, kranke und beschädigte Äste und Zweige sowie alle Triebe, die nach innen in Richtung Baumkrone wachsen. Mehr ist eigentlich nicht notwendig. Wenn der Baum zu groß wird, empfiehlt es sich, ihn im Sommer auszulichten und nach Bedarf zurückzuschneiden. Auf diese Weise haben Sie gleich mehrere Pflegeleicht-Vorteile: Nach dem Sommerschnitt treibt der Baum im Frühjahr weniger stark aus. Auch das Schneiden ist einfacher: Sie sehen auf einen Blick, welche Äste und Zweige abgestorben sind. Außerdem ist sofort erkennbar, wie sich der Schnitt auf die Struktur des Baums auswirkt.

Erntespaß im Vorbeigehen

Mit ihren leuchtenden roten Früchten sind Beerensträucher wie z. B. rote Johannisbeeren im Sommer echte Hingucker mit Genussfaktor. Greifen Sie am besten zu Hochstämmchen, da sie sich bequem ernten und zuschneiden lassen.

Pflegetipp

Da Beeren sehr flach wurzeln, sollten Sie die Umgebung nicht tief umgraben. Besonders hübsch sieht es aus, wenn Sie um den Stamm Wald- oder Monatserdbeeren pflanzen und den Boden mit einer Mulchschicht bedecken.

Ziersträucher und Bäume

Ziersträucher und Bäume sind – neben Obstbäumen und -sträuchern – feste Größen, die das Erscheinungsbild des Gartens nachhaltig prägen.

Bei Ziersträuchern können Sie zwischen sommer- und immergrünen Sorten wählen. Da die Blühsaison sommergrüner Sträucher sehr unterschiedlich ist, sorgen sie für eine

reiche Blütenpracht während der gesamten Gartensaison – vorausgesetzt, Sie wählen die richtigen Sorten.
Immergrüne Sträucher sind vor allem im Winter ein Blickfang, wenn die Blumen verblüht und die meisten Bäume und Sträucher unbelaubt sind. Langsam wachsende Sorten erweisen sich als besonders pflegeleicht – sie müssen nur selten geschnitten werden. Empfehlenswert sind z. B. Buchsbaum und Strauchefeu.

Stichwort: Bäume

Nadelbäume und Koniferen sind auf den ersten Blick gesehen pflegeleicht, da sie – die Lärche ausgenommen – ihre Nadeln das ganze Jahr über behalten. Hier muss also kein Laub zusammengerecht und entsorgt werden. Dennoch sind sie nicht vorbehaltlos zu empfehlen. Denn viele Nadelbäume wachsen, wenn sie nicht geschnitten werden, sehr hoch und verschatten den Garten. Wer dennoch nicht darauf verzichten möchte, sollte zu kleinwüchsigen Sorten wie z. B. Zuckerhutfichte, Zwergwacholder oder Krummholzkiefer greifen.

Attraktiv statt starr

Nadelhölzer und immergrüne Ziersträucher sind nicht umsonst sehr beliebt: Es gibt sie in den unterschiedlichsten Formen und Größen, wobei die Farben von Grün- über Blau- bis hin zu Gelbtönen variieren.
Damit Ihr Garten nicht starr und düster wirkt, sollten Sie immergrüne Pflanzen mit Laubbäumen und laubtragenden blühenden Sträuchern kombinieren.

Ideale Schattenspender: Laubbäume

Große Laubbäume zählen nicht zu den Lieblingen der Hobbygärtner, die es pflegeleicht mögen. Kein Wunder, schließlich muss jeden Herbst das Laub eingesammelt und entsorgt werden. Und nicht nur das: Laubfall auf angrenzende Grundstücke führt häufig zu Streitigkeiten zwischen Nachbarn.

Was tun? Machen Laubbäume in einem pflegeleichten Garten überhaupt Sinn? Aber sicher! Mit ihren unterschiedlichen Blüten-, Blatt- und Wuchsformen sind sie ein Gestaltungselement, auf das kein Gartenbesitzer verzichten muss: Erst kommt die Blüte, dann treiben die Blätter aus, im Herbst verfärben sie sich ... Laubbäume verändern das ganze Jahr über ihr Aussehen und sind so ein Spiegelbild der Jahreszeiten. Dazu kommt der praktische Nutzen: Im Sommer spenden sie Schatten, im Winter lassen sie Licht in Garten und Haus. Wer also seinen Sonnenschirm auf der Terrasse nicht Stunde für Stunde verrücken möchte, pflanzt am besten einen dekorativen Schatten spendenden Laubbaum.

Doch wie handhabt man das Laubproblem? Das Laub, das im Herbst fällt, können Sie als Mulchschicht liegen lassen, wenn es zwischen Sträucher, das Stauden- oder das Gemüsebeet fällt. Fällt es dagegen auf Rasen, Blumenwiese oder Blumenrasen, sollten Sie es entfernen. Doch das ist kein zusätzlicher Arbeitsgang: Wer beim Rasenmähen einen Grasfangkorb benutzt, sammelt das Laub automatisch mit ein.

Zurück zu den Nachbarn: Am besten, Sie sprechen miteinander, bevor Sie einen großen Baum pflanzen. Gerade auf kleinen Flächen wie den meisten Reihenhausgärten lohnt es sich, Rücksicht zu nehmen. Idealerweise einigen sich alle Parteien und pflanzen einen großen Baum, der auf die Grundstücksgrenze platziert wird. Der Vorteil: Jeder profitiert von den Vorteilen eines Großbaums und das für die Hälfte des Preises und der Arbeit!

Wichtig: Achten Sie bei der Wahl des Laubbaums auf die Größe, die er ohne Rückschnitt im Verlauf der Jahre erreichen kann. In der Regel sollten Sie sich auf Arten beschränken, die nicht höher als 20 m werden – bei größeren Arten ist der Schattenwurf so groß, dass er das Haus im Sommer zu verdunkeln droht. Empfehlenswerte Arten sind etwa Feldahorn, Weißbirke, Hainbuche und Salweide.

Hecken und Kletterpflanzen

Dekorativer Sicht- und Lärmschutz

Hecken gehören zu den wichtigsten Gestaltungselementen im Garten. Sie dienen nicht nur als „grüne Abgrenzung"; mit einer Hecke können Sie Ihren Garten in einzelne Bereiche gliedern. Egal, ob Sie eine Schnitt- oder eine frei wachsende Blütenhecke wählen – beide gewähren einen guten Sicht- und Schallschutz. Sprich: Abgeschirmt von einer Hecke sind Sie und Ihr Nachbar weitgehend ungestört.

Dazu kommt ein weiterer Bonus: Sie brauchen keinen Zaun. Auf diese Weise sparen Sie sich nicht nur Geld und Zeit für die Anschaffung und das Setzen eines Zauns, der Aufwand für die Pflege und Reparaturen entfällt ebenfalls.

Was die Gestaltung betrifft, gibt es einige Unterschiede zu beachten. In Form geschnittene Hecken sind weit weniger ausladend als frei wachsende Strauchhecken und wirken wie ein Rahmen, der einen guten Kontrast zu Staudenbeeten, Ziersträuchern und einer Blumenwiese bildet. Allerdings sind sie leider recht pflegeintensiv.

Anders Blütenhecken: Sie sind breiter, müssen aber viel seltener geschnitten werden. Ein weiterer Vorteil: Mit ihren Blüten bieten sie das ganze Jahr über einen bunten Anblick. Am besten, Sie wählen für Ihre Blütenhecke blühende Sträucher, die von Natur aus nicht höher als 2 bis 3 m werden, also z. B. eine Rosen-Deutzie (Deutzia hybrida „Mont Rose"), Rispenhortensie (Hydrangea pandiculata „Grandiflora") oder Weigelien der Sorte „Eva Rathke" und „Styriaca".

Sie lieben Blüten und essen gern Obst? Dann ist eine Obsthecke aus Spindel-, Busch- oder Säulenbäumchen ideal für Sie. Dabei werden schwachwüchsige Sorten an einem Drahtzaun oder an Metallseilen entlang als flache Spalierbäume gezogen.

Pflegeleicht oder arbeitsintensiv?

Bei Blütenhecken reicht es, sie alle paar Jahre auszulichten. Etwas mehr Aufwand, für den jedoch die Ernte entschädigt, beanspru-

chen Obsthecken, deren Äste fixiert und regelmäßig geschnitten werden müssen.
Entsprechendes gilt für Schnitthecken – der Name sagt es schon. Sie müssen mindestens einmal im Jahr „unters Messer". Wie häufig eine Schnitthecke geschnitten werden muss, hängt davon ab, wie starkwüchsig die Heckenpflanzen sind: Buchen etwa treiben viel stärker aus als z. B. Berberitzen. Am besten, Sie wählen für Ihre Schnitthecke eine von Natur aus schwachwüchsige Pflanze, etwa die Alpenjohannisbeere, Berberitze, Eibe, den Buchs oder Pfeifenstrauch.

Farbtupfer im Winter

Damit laubabwerfende Blütenhecken auch im Winter Grün zeigen, ist es sinnvoll, zwischen die Sträucher mehrere immergrüne niedrige Gehölze zu pflanzen, z. B. Kirschlorbeer oder Buchs.
Setzen Sie außerdem Blumenzwiebeln mit Frühjahrsblühern an den Rand – so schmücken bereits am Ende des Winters farbige Tupfer die Grenzen Ihres Gartens. Ideal ist es, wenn Sie Blumenzwiebeln zum Verwildern wählen: Einmal im Garten heimisch, vermehren sie sich ohne Zutun von selbst. Welche Arten infrage kommen, erfahren Sie in den Pflanzenportraits ab Seite 57.

Kletterpflanzen: anspruchslose Alleskönner

Kletterpflanzen – der Name deutet es an – wachsen in die Höhe und begrünen dabei nahezu jedes Objekt, von alten Laubbäumen über Lauben, Gartenzäune, Rankgitter bis hin zu Spalieren.
Vor allem in kleinen Gärten sind Kletterpflanzen ein beliebtes Gestaltungselement: Über dem Sitzplatz bzw. der Terrasse bewachsen sie eine Pergola und sorgen für Sonnenschutz und Schatten. Mit Kletterpflanzen lassen sich Sichtschutzwände, wie sie sich zwischen Reihenhäusern befinden, sehr gut verschönern. Das gilt auch für Maschendrahtzäune. Sie sind relativ preiswert und leicht zu montieren, aber – leider – nicht sehr dekorativ. Übrigens: Vor allem bei schmalen Gärten, die wenig Platz für eine Hecke lassen, bietet es sich an, Zäune mit Kletterpflanzen beranken zu lassen.

Pflanzenauswahl

Worauf ist bei der Pflanzenauswahl zu achten? Je nachdem, welche „Technik" die einzelnen Kletterpflanzen benutzen, unterscheidet man vier Typen: Schlinger, Ranker,

Spreizklimmer und Selbstkletterer. Selbstkletterer ausgenommen, benötigen alle übrigen Kletterpflanzentypen eine stabile Kletterhilfe.

Auf den ersten Blick drängt sich der Eindruck auf, dass Selbstkletterer die pflegeleichteren Pflanzen sind. Doch das ist so nicht ganz richtig. Sie halten sich mit kleinen Klebefüßchen, Haftwurzeln oder -scheiben am Untergrund fest, an dem sie hochwachsen. Das ist zwar anfangs sehr bequem, da diese Pflanzen ohne jegliches Zutun ganze Hauswände begrünen. Doch spätestens, wenn die Haftwurzeln in Mauerritzen eindringen oder die Triebe unter die Dachplatten wachsen, ist der Schaden und der damit verbundene Reparaturaufwand oft beträchtlich.

Wer sichergehen will, greift von vornherein zu Schlingern, Rankern oder Spreizklimmern und nimmt dabei in Kauf, dass sie eine Rankhilfe benötigen.

Rankhilfen

Am besten, Sie wählen Rankhilfen aus einem witterungsbeständigen Material wie z. B. Edelstahl. Holzfans können auf Spaliere aus wetterfesten Hölzern, die ebenfalls kaum Pflege benötigen, ausweichen. Wer druckimprägniertes Holz im Baumarkt oder Holzfachhandel kauft, sollte zusätzlich einen Holzschutz auftragen, bevor er es zu einem Rankgerüst montiert. So erhöht sich die Lebensdauer beträchtlich und das Rankgerüst erhält eine individuelle Note.

Welche Kletterpflanzen besonders anspruchslos und dennoch dekorativ sind, erfahren Sie in den Pflanzenporträts ab Seite 57.

Anlage und Vorarbeiten

Arbeitssparende Werkzeuge und Geräte

Eines vorab: Wenn Sie sich die auf Seite 29 genannten Werkzeuge und Geräte besorgen, dann sollten Sie auf die Qualität achten. Machen Sie nicht den Fehler, billige Geräte zu kaufen. So vermeiden Sie, dass Stiele brechen, sich Metallteile verbiegen oder zu rosten anfangen. Natürlich haben hochwertige Werkzeuge und Geräte ihren Preis, doch der lohnt sich mehrfach: Gute Geräte erleichtern die Arbeit über viele Jahre hinweg und müssen nicht ersetzt werden. Das spart nicht nur Zeit, Geld und Ärger – die Gartenarbeit bereitet auch mehr Freude.

Gartengerätekauf mit System

Namhafte Gartengerätehersteller haben spezielle Stiele entwickelt, bei denen einzelne Geräte wie Hacke, Rechen, Besen oder Säge einfach aufgesteckt werden. Es genügt also, wenn Sie zwei bis drei Stiele kaufen und je nach Bedarf mit dem entsprechenden Aufsatz bestücken.

Wichtig: Achten Sie bei der Auswahl des Stiels auf die richtige Länge. Sie sollten sich bei der Arbeit nicht bücken müssen. Sonst drohen Rückenschmerzen.

Aufbewahrung

Ideal ist es, wenn Sie sich einen festen Platz an der Wand in Ihrem Gartengerätehaus reservieren und dort die Geräte an einer Hängeleiste aufbewahren. So haben Sie die benötigten Utensilien zu jedem Zeitpunkt griffbereit.

Unverzichtbare Werkzeuge

Grundsätzlich kommt jeder Gärtner um ein Sortiment an guten Standardgeräten nicht herum. Dazu gehören Schaufel und Spaten, Gartenschere und Gartenhandschuhe sowie einige Kleingeräte wie Pflanzschaufel, Schnur und Stöckchen zum Markieren und Fixieren. Daneben gibt es eine ganze Reihe von Geräten und Hilfsmitteln, die die Gartenarbeit zusätzlich erleichtern.

- **Ambossscheren:** Je länger der Hebel, desto geringer die Kraft, die eingesetzt werden muss, um dickere Äste zu schneiden.
- **Grabgabel:** Sie lockert die Erde in einem Beet und ist leicht zu handhaben.
- **Sackkarre:** Sie hilft, schwere und kompakte Gegenstände wie z. B. Pflanztröge oder Säcke mit Sand, Mulch, Erde oder Gartenplatten zu transportieren.
- **Zwiebelpflanzer:** Zwiebelpflanzer auf den Boden aufsetzen, andrücken, anheben, Zwiebel ins Pflanzloch legen, Erde zurück in das Loch geben – fertig.
- **Teleskopgeräte:** Stufenlos verlängerbare Stiele ersetzen mittelgroße Leitern und machen die Arbeit bequemer und sicherer. Viele Teleskopstangen sind mit einem Steckaufsatz ausgestattet, auf den sich verschiedene Geräte, z. B. Apfelpflücker oder Baumsägen, leicht anbringen lassen.
- **Elektro- bzw. benzinbetriebene Geräte:** Hecke schneiden, Rasen mähen, Schnittgut häckseln … Mit elektrischen bzw. benzinbetriebenen Geräten geht alles einfacher und leichter.
- **Bewässerungssysteme:** Computergesteuerte Bewässerungssysteme sorgen dafür, dass Ihr Garten stets so viel Feuchtigkeit abbekommt, wie er braucht. Ideal für alle, die oft verreisen!

Wer ein Gerät selten braucht, kann es bei einer Leihfirma oder in ausgewählten Gartencentern und Baumärkten ausleihen.

Boden analysieren und vorbereiten

Bevor Sie Ihren Garten umgestalten oder neu anlegen, sollten Sie verschiedene Aspekte der Bodenbeschaffenheit kennen. Auch wenn wir es uns noch so sehr wünschen – nicht jede Pflanze gedeiht überall gleich gut: Neben Licht und Wärme bestimmen die Art des Bodens und sein Nährstoffgehalt den Erfolg der Pflanzen und damit die Pflanzenauswahl. Vor einer Bodenprobenlaboruntersuchung können Sie sich mit einer Fingerprobe leicht selbst einen Eindruck von der Bodenart verschaffen.

Bodenproben durch den Profi

Wer seinen Boden analysieren lassen will, findet mithilfe von Internetsuchmaschinen

Gartenspaß für die Kleinen

Wenn die Eltern im Garten „werkeln“, möchten die meisten Kinder nicht zurückstehen und auch Hand anlegen. Am meisten Spaß macht es ihnen natürlich in einem eigenen Kinderbeet: Mit der richtigen Mischung pflegeleichter, attraktiver und natürlich ungiftiger Zier- und Nutzpflanzen kommen die Kleinen auf ihre Kosten und lernen zugleich einiges über die Zusammenhänge in der Natur.

Kinderleicht anlegen

Bereits beim Bau des Beets können Kinder mithelfen. Am besten, Sie wählen die langsame Variante: Im Herbst legen die Kinder mehrere Lagen Karton auf dem Gartenstück aus, das sie zu ihrem Beet umgestalten wollen. Darüber kommen Kompost und eine Schicht Laub. Kompostbeschleuniger darauf, gießen – dann heißt es bis zum Frühjahr warten. Zu Beginn des Gartenjahres können Kinder mit einer Hacke das Laub in den Kompost einarbeiten und das Beet mit einem Rechen glatt streichen. Im zeitigen Frühjahr werden pflegeleichte Oststräucher wie z. B. Johannisbeerhochstämmchen gepflanzt. Als Unterpflanzung sind Monatserdbeeren ideal – sie schmecken genauso aromatisch wie Walderdbeeren, bilden aber viel länger und viel mehr Früchte aus.

Pflanzen, ernten und spielen

Später, ab Mitte Mai, wenn die Gefahr von Nachtfrösten gebannt ist, ist noch einmal Zeit zum Pflanzen. Jetzt sind leicht zu kultivierende Kräuter und Gemüse wie z. B. Kresse, Radieschen und Kürbis an der Reihe. Besonders hübsch sind Zucchini mit gelben Früchten. Im Juni ist bereits Erntezeit: Radieschen und Erdbeeren sind reif, dann folgen Johannisbeeren … Nicht zu vergessen die Blumen: Sonnenblumen, Kapuzinerkresse und Ringelblumen lassen sich leicht aussäen und wachsen außerdem schnell zu stattlichen Pflanzen heran. Wer Platz übrig hat, kann seine Bohnenstangen zu einem Tipi zusammenstellen und mit Feuerbohnen beranken lassen.

Fingerprobe

- **Sandboden** ist hellgelb bis dunkelbraun, krümelig und lässt sich deshalb kaum formen. Er ist sehr wasserdurchlässig und daher oft trocken.
- **Lehmboden** ist gelblich bis rötlich braun, leicht formbar und besteht aus sehr kleinen Teilchen. Daneben enthält er Sandkörner, die gut zu ertasten sind. Lehmboden hält das Wasser gut; bei lang andauernden Regenfällen kann es sich stauen.
- **Tonboden** besteht aus winzig kleinen Partikeln, die in feuchtem Zustand eine glatte, glänzende, wasser- und luftundurchlässige Masse ergeben. Tonböden sind nährstoffreich, aber schwer.
- **Moorboden** ist schwarz bis dunkelbraun und sehr wasserhaltig; er fühlt sich schwammig an. Moorböden sind nährstoffarm und für den Gemüseanbau wenig geeignet.

unter dem Stichwort „Bodenlabor“ verschiedene Anbieter, darunter Apotheken und die Stiftung Warentest. Nehmen Sie mit dem Labor Kontakt auf, bevor Sie eine Bodenprobe entnehmen. Sie erhalten dann vom Anbieter meist eine detaillierte Anleitung. Der Grundpreis für eine Nährstoffanalyse beträgt rund 40 Euro; etwas teurer wird es, wenn man seinen Boden zusätzlich auf Schadstoffe prüfen lassen möchte.

Nährstoffarmer Boden

Durch die Probe hat sich herausgestellt, dass der Gartenboden sehr nährstoffarm ist? Keine Panik, gerade im pflegeleichten Naturgarten gibt es eine Menge Pflanzen, die auch mit mageren Böden sehr gut zurechtkommen und dabei auch noch schön blühen, z. B. Flieder, Lavendel, Heide, Weißdorn, Kugeldistel, Lupine u. v. m.

Wer auf mageren Böden Gemüse ziehen oder Obst anbauen will, kommt um Maßnahmen zur Bodenverbesserung – also das Düngen – nicht herum. Doch auch hier gibt es eine Reihe von einfachen Maßnahmen, die wenig Arbeit bedeuten, aber umso effektiver sind.

Bodenvorbereitung für den Gemüse- und Obstanbau

Wer sich beim Gemüseanbau für ein Hochbeet entschieden hat, hat es ganz besonders leicht: Ist der Behälter erst einmal aufgestellt, braucht er anfangs nur noch mit grobem Material wie Ästen und Zweigen, Laub sowie frischem Humus aus dem Kompost befüllt werden – dadurch ist der Boden bereits ausreichend mit Nährstoffen versorgt.

Die schnelle, arbeitsintensive Lösung: Wer sich für ein konventionelles Beet entscheidet und dieses neu anlegt, muss erst einmal den Bewuchs, d. h. meist Rasen, entfernen. Das ist auf verschiedene Arten möglich. Üblicherweise wird der Rasen entfernt, indem man die Soden mit Spaten und Schaufel abträgt. Das ist – zugegeben – eine mühsame Arbeit, die nicht so recht in das Konzept eines pflegeleichten Gartens passt. Dennoch hat diese Methode zwei Vorteile: Die Arbeit ist verhältnismäßig schnell erledigt und Sie können nach einigen weiteren Vorarbeiten mit dem Pflanzen beginnen.

Nicht zu vergessen die Rasensoden, die als Nebenprodukt anfallen: Mit ihnen können Sie Ihren Garten sehr effektiv modellieren. Stapeln Sie sie dafür an einem sonnigen Platz – nach wenigen Wochen haben Sie eine Rasenbank zum Entspannen!

Die langsame, pflegeleichte Lösung: Die andere Möglichkeit, ein Beet anzulegen, ist vor allem für den Herbst empfehlenswert. Alles, was Sie brauchen, ist ein großer Stapel alte Zeitungen und Pappe. Legen Sie die Pappe und das Papier in mehreren Schichten auf dem Platz aus, den Sie für das Gemüsebeet bzw. die Obstanpflanzung vorgesehen haben. Schütten Sie anschließend eine Schicht Komposterde darauf. Als oberste Mulchschicht folgt Herbstlaub, das Sie, wenn Sie in einer windigen Gegend wohnen, mit einem großen Netz abdecken sollten.

Die Pflanzen unter der Papp- und Zeitungsauflage sterben ab, verrotten, und es bildet sich wertvoller Humus. Gleichzeitig wird in einem relativ schnellen und leichten Arbeitsgang das Beet angelegt. Im Frühjahr, kurz vor der Pflanzung, muss nur noch die Mulchschicht mit einer Hacke in den Boden eingearbeitet werden – fertig ist das Beet für die Bepflanzung. Einziger Nachteil: Das Verrotten des Bewuchses dauert seine Zeit.

Verdichtete Böden: Eine besondere Herausforderung sind Gärten, die nach einem Hausbau neu angelegt werden. Hier haben meist schwere Maschinen wie Bagger und Planierraupen den Boden stark verdichtet. Die Folge: Das Wasser staut sich, und die meisten Pflanzen verkümmern, weil die feinen Wurzeln nicht richtig in den Boden eindringen können. Hier hilft nur, den Gartenboden tiefgründig mit einer Gartenfräse zu lockern. Ein solches Gerät können Sie sich von einer Verleihfirma besorgen – leichter und einfacher ist es natürlich, wenn Sie einen Gärtner, der den Boden anschließend mit dem Rechen glatt streicht, mit dieser schweren Arbeit beauftragen.

Anschließend ist es von Vorteil, wenn Sie nicht gleich mit der Bepflanzung beginnen, sondern großflächig Gründüngerpflanzen aussäen. Fragen Sie am besten im Gartenfachhandel nach einer geeigneten Sorte bzw. Mischung – es gibt winterharte und nicht winterharte Gründüngerpflanzen für verschiedene Standorte und mit speziellen Eigenschaften. Unabhängig von der Sorte hat eine Gründünung zwei Vorteile: Sie lockert den Boden und reichert ihn zugleich mit Nährstoffen an. Und so geht's: Die Gründüngerpflanzen keimen und wachsen in zwei Wochen heran, nach wenigen weiteren Wochen bildet sich ein bunter Blütenteppich. Am besten, Sie arbeiten die Pflanzen noch vor oder kurz nach Beginn der Blütezeit oberflächlich mit einer Hacke in den Boden ein. So vermeiden Sie, dass sie sich erneut aussäen. Nach wenigen Tagen, wenn die Gründüngerpflanzen angetrocknet sind und der Verrottungsprozess eingesetzt hat, kann der Garten bepflanzt werden. Gründüngeraussaaten, die für verschiedene Bodenverhältnisse und Aussaatzeiten geeignet sind, erhalten Sie im Gartenfachhandel sowie im Internet.

Beete kreativ gestalten

Sie haben den Boden für die Bepflanzung vorbereitet. Aber ist Ihr Gartenbeet jetzt schon fertig? Nicht ganz. Die wenigsten Gemüsegärtner geben sich mit einem langen, ungegliederten Stück Erde, das sie mit verschiedenen Gemüsesorten bepflanzen, zufrieden. Beete sind – wie andere Objekte im Garten – wichtige Gestaltungselemente.

Bauerngarten – Idylle ohne großen Aufwand

Gliedern Sie daher Ihr Beet in kleinere, am besten etwa gleich große Einheiten, die für verschiedene Kulturen vorgesehen sind. Besonders attraktiv sind die aus den Bauerngärten bekannten Beete in geometrischen Formen wie Kreis, Ellipse, Rechteck oder Quadrat, die durch ein Wegekreuz gegliedert sind. Auf diese Weise haben Sie von allen Seiten des Beets einen leichten und bequemen Zugriff auf die Pflanzen.
Typisch für Bauerngärten ist nicht nur die strenge geometrische Form, sondern auch die dekorative Einfassung der Beete mit Buchsbaum. Buchsbaum ist ein langsam wachsender Busch, der nur einmal im Jahr geschnitten werden muss. Diese Arbeit ist zwar ein wenig aufwendig, hat aber auf lange Sicht mehrere Vorteile: Buchsbaumhecken verhindern, dass bei starken Regenfällen Humus ausgeschwemmt wird. Darüber hinaus schützen sie die Pflanzen vor Zugluft und schaffen ein Kleinklima, das sich generell günstig auswirkt: Kräuter und Gemüse gedeihen besser!

Natürliche Beeteinfassung

Weitere „natürliche" Möglichkeiten der Beeteinfassung sind z. B. niedrige Flechtzäune, die man aus Weiden- oder Haselnussruten selbst herstellen kann, Äste und Stämme von Bäumen, die kürzlich gefällt bzw. abgesägt wurden sowie große Natursteine. Ebenfalls empfehlenswert, da sehr beständig, pflegeleicht und formschön, sind Beeteinfassungen aus Metall. Außerdem können dauerhafte und pflegeleichte Beton- oder Naturpflastersteine sowie Klinker ebenerdig zum angrenzenden Gelände einbetoniert werden. Der Vorteil: Von der angrenzenden Fläche können Pflanzen nicht auf das Beet hinüberwuchern; außerdem kann die befestigte Kante leicht mit einem Rasenmäher befahren werden. Man spart sich also das exakte Schneiden der Ränder.

Zwischen den Beeten

Zwischen den einzelnen Beeten bietet sich ein Belag aus Rindenmulch oder grobem Häckselmaterial, das beim Zerkleinern von Schnittgut anfällt, an. Dadurch wird der Ertrag reich.

Rasen anlegen – viel Arbeit?

Ein Garten ohne Rasen? Für viele Gartenbesitzer ist das nicht vorstellbar. Vor allem Familien schätzen ihn als Spielfläche für ihre Kinder. Dabei gilt Rasen als sehr pflegeaufwendig. Das ist völlig zutreffend, wenn man dem Vorbild eines unkraut- und blumenfreien englischen Rasens nacheifert. Doch auch hier lässt sich viel Arbeit und Mühe sparen. Es beginnt bereits bei der Anlage.

Rasen benötigt einen gut gelockerten, nährstoffreichen, wasserdurchlässigen und unkrautfreien Boden, der mit einer Rasenwalze geglättet wurde. Rasenliebhaber haben zwei Möglichkeiten, eine Gartenfläche mit Rasen anzulegen: Entweder sie säen Rasensamen aus, oder sie verlegen Rollrasen. Wer den Aufwand der Rasensaat nicht scheut, kann wenigstens hinterher, wenn der Rasen herangewachsen und schön grün ist, einen Pflegevorteil verbuchen – vorausgesetzt, er wählt die richtige Sorte. Neben Spiel- und Sport-, Schatten- und Zierrasen gibt es Rasensorten mit langsam wachsenden Gräsern. Letztere müssen viel seltener gemäht werden als herkömmliche Sorten. Es fällt daher auch weniger Schnittgut an, das entsorgt werden muss.

Aber auch der Rollrasen hat seine Vorteile: Er ist schnell und leicht verlegt, nach wenigen Tagen begehbar, und man spart sich in der Anfangszeit das Unkrautjäten, da der Rasen sortenrein ist.

Rasenauswahl

Rollrasen gibt es für verschiedene Ansprüche, z. B. als Spiel-, Sport-, Zier- oder Schattenrasen. Vermessen Sie Ihren Garten genau und kaufen Sie verschiedene Qualitäten, je nach Standort und Beanspruchung.

Rollrasen verlegen

Auch wer Rollrasen wählt, braucht ein wenig Geduld. Erst wird der Boden vorbereitet, dann muss noch etwa zwei Wochen lang gewartet werden. Gut möglich, dass sich Samen von Unkräutern im Rasen befinden, die in dieser Zeit keimen. Sie müssen, bevor der Rasen aufgebracht wird, entfernt werden. Anschließend ist es soweit: Rollrasen wird – der Name sagt es schon – wie ein Teppich auf dem vorbereiteten Boden Kante an Kante in Bahnen ausgelegt und gleichmäßig mit einer Walze angedrückt. Die Arbeit ist recht einfach und leicht zu erledigen. Doch eines sollte man berücksichtigen: Das Verlegen muss schnell gehen. 36 Stunden nach dem Abtragen in der Rasenschule sollte der Rollrasen fertig verlegt sein, ansonsten wurzeln die Pflanzen nicht mehr gut an. Am besten, Sie lassen sich von gartenerfahrenen Freunden helfen, wenn Sie große Flächen zu verlegen haben. Nach dem Aufbringen auf dem Boden heißt es regelmäßig gießen, im Hochsommer zweimal am Tag, am besten morgens und abends.

Blumen- und Kräuterrasen aussäen

Sie möchten auf den „grünen Teppich" im Garten nicht verzichten, haben aber keine Zeit, den Rasen ständig kurz zu halten? Dann ist Blumenrasen die perfekte Lösung für Sie. Dieser wird 10 bis 13 cm hoch – erst dann muss er gemäht werden. Auf diese Weise kommt man auf etwa acht Rasenschnitte im Jahr. Zum ersten Mal wird im Mai gemäht, anschließend bis Ende August alle drei bis vier Wochen, danach je nachdem, wie hoch der Rasen ist. So spart man sich im Vergleich zu einem herkömmlichen Rasen, der im Hochsommer einmal pro Woche gemäht werden muss, eine Menge Arbeit. Dazu kommen weitere Vorteile: Blumenrasen braucht nicht gedüngt werden. Auch auf das Beregnen können Sie verzichten. Die Pflanzen sind an das heimische Klima angepasst und überstehen auch Trockenzeiten ohne Schaden.

Zudem ist es einfach, den Blumenrasen anzulegen: Er gedeiht auf nährstoffarmen und -reicheren Böden. Für eine Neuanlage wird der Boden genauso vorbereitet wie für die Rasenaussaat bzw. das Aufbringen von Rollrasen. Dann wird der Samen ausgesät. Hier ist darauf zu achten, dass Blumenrasensaat

Gießfrei glücklich

Hobbygärtner, die sich die Mühe des Gießens komplett sparen wollen, lassen Versenkregner vor der Rasenanlage unter der Erdoberfläche verlegen. Diese Geräte arbeiten automatisch, wobei ein Sensor die Bodenfeuchtigkeit misst und die Wassermenge entsprechend dosiert.

sehr viel dichter als Blumenwiesensamen ausgesät werden muss – rechnen Sie mit etwa 5 g pro m^2. Nach der Aussaat wird der Samen mit ein wenig Humus bedeckt, um ihn vor Vögeln zu schützen. Denken Sie daran, dass Sie die Aussaat feucht halten müssen.

Wer bereits Rasen im Garten hat, für den ist die Anlage eines Blumen- bzw. Kräuterrasens noch leichter: Mähen Sie Ihren Rasen immer seltener. Nach und nach stellen sich die Pflanzen, die in Ihrem Garten gut gedeihen, von selbst ein. Wer schneller zum Ziel kommen will, befreit im Frühjahr einige kleinere Flächen von der Rasenschicht und sät dort Blumenrasen aus. Von diesen Blumenraseninseln breiten sich die verschiedenen Blumen- und Kräuterarten von selbst aus.

Übrigens: Blumen- bzw. Kräuterrasen kann man im Gartenfachhandel oder bei speziellen Anbietern im Internet bestellen.

Blumenwiese anlegen

Blumenwiesen eignen sich gut für Flächen, die kaum oder am besten gar nicht betreten werden. In vielen Gärten ist es daher sinnvoll, nicht die ganze Freifläche mit einer Blumenwiese zu gestalten, sondern nur einzelne Bereiche. Wer diese Einschränkung in Kauf nimmt, spart sich eine Menge Arbeit. Blumenwiesen werden nur zwei- bis dreimal im Jahr gemäht. Sie brauchen nicht gedüngt und auch nicht gewässert werden.

Blütenpracht im Frühling

Die ersten Blumen bzw. Kräuter blühen im Mai. Wer nicht solange warten will, kann von September an bis zum ersten Frost Blumenzwiebeln zum Verwildern im Blumenrasen verteilen. So erhält man bereits vom Vorfrühling an einen grünen Teppich mit bunten Farbtupfern.

Der Traum vieler Gärtner ist die artenreiche Magerwiese, die einen nährstoffarmen Boden voraussetzt. Wer sich dafür entscheidet, muss den meist nährstoffreichen Boden abmagern. Zunächst ist jedoch der bestehende Bewuchs mit den Wurzeln zu entfernen. Am wenigsten arbeitsaufwendig ist es, wenn Sie eine undurchsichtige schwarze Folie auf der Fläche auslegen. Nach drei Monaten sind die Pflanzen abgestorben.

Dann folgt das Abmagern des Bodens: Am einfachsten ist es, wenn Sie ihn mit einer Bodenfräse tiefgründig lockern und in die oberste, rund 20 cm hohe Schicht großzügig Sand einarbeiten; je mehr Sand Sie verwenden, umso magerer wird die Wiese. Danach wird die Fläche glatt gerecht, der Blumensamen wird aufgebracht und oberflächlich mit dem Rechen eingearbeitet. Wälzen Sie abschließend die Fläche glatt. Damit die Saat keimen und heranwachsen kann, muss die zukünftige Blumenwiese laufend feucht gehalten werden.

Am wenigsten arbeitsaufwendig ist es, wenn Sie ein automatisches Bewässerungssystem installiert haben. Doch auch ein Regner, den Sie nach Bedarf aufstellen, leistet hier gute Dienste.

Wenn sie Ihren Traum von einer Magerwiese verwirklichen wollen, können Sie auf das aufwendige Abmagern verzichten – voraus-

Leicht und schnell

Etwas schneller und leichter gelangen Sie zur Blumenwiese, wenn Sie auf das Abmagern verzichten und eine Wiesenblumensaat wählen, die für nährstoffreichere Böden geeignet ist.

gesetzt, Sie haben ausreichend Geduld. Gehen Sie dabei folgendermaßen vor: Mähen Sie Ihren Rasen immer seltener und entfernen Sie das Schnittgut. Auf diese Weise werden dem Boden langsam die Nährstoffe entzogen, er magert von selbst ab. Zuerst erhalten Sie einen Blumenrasen. Wenn Sie das Mähen dann auf zwei- bis dreimal pro Jahr beschränken, entwickelt sich daraus eine Blumenwiese. Um sicherzustellen, dass sich tatsächlich eine ausgewogene Mischung an heimischen Wildblumen einstellt, sollten Sie einige kleinere Flächen freilegen und dort eine geeignete Mischung für Wildblumenwiesen aussäen. Von den Wildblumeninseln breiten sich die verschiedenen Blumen und Kräuter nach und nach von selbst aus. Saatmischungen für Blumenwiesen gibt es für verschiedene Standorte – von feucht über halbschattig bis trocken, für magere und nährstoffreiche Böden. Die Mischungen können bequem über das Internet direkt von den Herstellern bestellt werden.

Ideal für alle, die Ihre Blumenwiese aus verschiedenen Perspektiven betrachten möchten, ist ein Rasenweg durch die Wiese: Hier genügt es, wenn Sie die Wegstrecke mit einem Rasenmäher freihalten und hin und wieder ein wenig Rasendünger ausstreuen.

Schöne Kombinationen

Blumenrasen und Blumenwiesen sind der ideale Kontrast zu immergrünen oder laubtragenden Schnitthecken bzw. immergrünen Büschen oder Gehölzen. In Kombination mit blühenden Sträuchern oder Stauden wirkt der Garten dagegen etwas unruhig, da keines der Elemente gut zur Geltung kommen kann.

Kompostieren leicht gemacht

Bevor Sie mit dem Gärtnern beginnen, sollten Sie sich darüber Gedanken machen, wie Sie Ihre Gartenabfälle entsorgen. Sie haben in der Regel zwei Möglichkeiten: Entweder entsorgen Sie ihre Abfälle über die Biotonne oder Sie kompostieren.

Wieso kompostieren?

Abfälle in eine Tonne geben und die Tonne entleeren lassen, ist kinderleicht. Der Nachteil: Indem Sie Ihre Gartenabfälle ersatzlos entsorgen, entziehen Sie Ihrem Garten laufend Nährstoffe. Das ist beim Kompostieren

Warum Wurmkompost?

Das Kompostmaterial verrottet schneller, die Kompostqualität ist höher. Dabei ist die Herstellung von Wurmkompost denkbar leicht: Bestellen Sie die Würmer im Internet und setzen Sie sie auf Ihrem offenen Komposthaufen aus. Übrigens: Wurmkompost verrottet auch im Winter.

völlig anders: Da bei diesem Prozess aus Pflanzenresten Humus entsteht, ist er Teil des natürlichen Kreislaufs von Wachsen und Vergehen. Wenn Sie selbst Komposterde herstellen und in Ihrem Garten ausbringen, sparen Sie sich so manche Fahrt zum Baumarkt und natürlich einiges an Geld, das Sie sonst für Erde und Dünger ausgeben müssten.

So geht's

Wenn Sie sich für das Kompostieren entscheiden, gilt es, als erstes zu klären, wo der Kompostplatz eingerichtet werden soll. Ideal ist ein schattiger Platz in der Nähe des Gerätehauses. Da Kompostanlagen nicht zu den Schmuckstücken im Garten zählen, ist es sinnvoll, sie verdeckt hinter einem Sichtschutz, z. B. hinter einer Hecke aus Buchsbaum oder hinter einem üppig bewachsenen Rankgitter, zu platzieren.

Zur Wahl stehen herkömmliche, offene Komposter oder geschlossene Thermo- bzw. Schnellkomposter. Offene Komposter aus druckimprägniertem Holz, Metall oder Kunststoffgitter eignen sich für Hobbygärtner, die große Gärten besitzen und entsprechend viel Platz für Ihren Kompostbereich haben. Stellen Sie dafür mehrere Kompostbehälter nebeneinander auf. Ist ein Behälter voll, wird der nächste befüllt, während im ersten Behälter das Material zu Humus verrottet. Decken Sie den fertig befüllten Komposthaufen mit einer dicken Schicht Zeitung ab. Auf diese Weise gelangen die Kleinstlebewesen, die für die Rotte verantwortlich und an die Dunkelheit angepasst sind, in die oberste Kompostschicht. Wenn Sie mit meh-

Romantische Sitzecke

Sich zurücklehnen, den Sommerabend genießen und träumen – das ist nirgends so entspannend wie in einer Sitzecke mit Romantik-Flair. Wählen Sie eine möglichst sonnige und windgeschützte Stelle, die ein wenig abseits liegt, so sind Sie und Ihre Gäste ungestört.

Rosen und Lavendel …

… sehen nicht nur herrlich aus, sie verwandeln Ihre Sitzecke in eine duftende Oase. Greifen Sie zu robusten Wildsorten wie z. B. der Hundsrose (Rosa canina). Wildrosen sind winterhart, gegenüber vielen Rosenkrankheiten resistent und nahezu das ganze Jahr über wahre Schmuckstücke: Aus den duftenden Blüten vom Sommer entwickeln sich im Herbst – je nach Sorte – leuchtend rote bis schwarze Hagebutten, die viele Vögel anziehen.

Im Internet finden Sie Versandhändler mit einer breiten Auswahl. Am besten, Sie wählen eine buschige, rund 1,50 m hohe Sorte mit überhängenden Trieben – so ist für ausreichend Sichtschutz gesorgt. Lavendel ist ein idealer Rosenbegleiter; die Sorte Lavendula angustifolia verträgt Kälte bis minus 15 Grad und ist in den meisten Regionen winterhart.

Atmosphäre schaffen

Um dem romantischen Sitzplatz eine räumliche Atmosphäre zu geben, sollten Sie ihn nach beiden Seiten abschirmen. Am wenigsten aufwendig sind große Töpfe mit farblich passenden ein- und zweijährigen Blumen, blühenden Kräutern oder prächtigen Stauden.

Platzieren Sie die Töpfe so, dass sie den Sitzplatz mit der Rose und dem Lavendel im Hintergrund in einem Halbkreis einrahmen. Geeignet sind z. B. Vergissmeinnicht, Rosmarin, Kugeldistel, Akelei, Kosmeen oder Herbstanemonen. Fehlt nur noch eine stimmungsvolle Beleuchtung: Gartenfackeln, die mit (Duft-) petroleum gefüllt werden, lassen sich leicht in die Erde stecken und nach Bedarf versetzen. Erhältlich sind sie z. B. im Baumarkt. Dazu passt ein Windlicht oder eine Laterne auf dem Tisch.

reren Kompostern arbeiten, haben Sie immer genügend reifen Kompost zur Hand – und das ohne Arbeit, da Sie die Rotte nicht umsetzen müssen.
Für kleine Gärten sind geschlossene Schnell- bzw. Thermokomposter gut geeignet. Hier reicht es, wenn man abwechselnd feuchtes und trockenes Material einfüllt. Da der Komposter nahezu luftdicht ist, entstehen hier hohe Temperaturen, die Rotte verläuft sehr zügig. Auf diese Weise erhalten Sie bereits nach wenigen Wochen reifen Kompost.

Richtig kompostieren

Kompost ist ein Gemisch aus verschiedenen organischen Stoffen, die in Schichten aufgebracht werden. Wenn Sie Ihren Komposthaufen neu anlegen, bildet grobes organisches Material die unterste Schicht. Darauf folgt abwechselnd feuchtes und trockenes Material, das jeweils mit einer dünnen Schicht reifem Kompost oder Kompostbeschleuniger bestreut wird. Wichtig ist, dass das Kompostgut locker ist und nicht zusammenklebt – ansonsten fault die Masse, anstatt zu verrotten.
Geeignete Substanzen zum Kompostieren sind alle gesunden pflanzlichen Stoffe, also verbrauchte Blumenerde, abgestorbene Topfpflanzen, Schnittblumen, Gemüseabfälle, Eierschalen, zerkleinerter Strauchschnitt, benutzte Kleintierstreu von Kaninchen, Hamstern und Vögeln sowie Laub und Grasschnitt. Nicht in den Kompost gehören gekochte Speisereste, da sie Ratten und Mäuse anlocken, sowie kranke Teile von Pflanzen. Ebenfalls ungeeignet sind anorganische Materialien wie Glas, Metall, Kunststoffe etc.
Ob Ihr Kompost gut verrottet, zu trocken ist oder fault, können Sie leicht selbst feststellen: Guter Kompost riecht wie Walderde. Ist der Kompost zu nass, „lecken" Schnellkomposter; außerdem riecht die Masse faulig. Ist er zu trocken, dauert die Rotte lange, der Komposthaufen sinkt nicht richtig in sich zusammen.
Übrigens gibt es leider nur eine Möglichkeit, feuchten Kompost zu „retten": Setzen Sie den Komposthaufen um und geben Sie trockenes Material wie Pappe, Holzhäcksel oder Zeitungspapier zu. Ist der Kompost zu trocken, fällt der Aufwand um einiges geringer aus: Es reicht, wenn Sie ihn gießen.

Küchenabfälle

Küchenabfälle wie Kartoffelschalen oder Reste von Salat sind in der Regel nass und bewirken, dass sich Feuchtigkeit im Komposter ansammelt. Schlagen Sie daher feuchtes Material in Zeitungspapier ein, wenn Sie es auf den Kompost bringen. Dann haben Sie die richtige Mischung aus feuchtem und trockenem Rottegut.

Pflegearbeiten

Rasen richtig pflegen

Die Rasenpflege gehört zu den aufwendigsten Arbeiten im Garten. Das gilt vor allem, wenn Sie auf einen „unkrautfreien", d. h. sortenreinen Rasen nicht verzichten möchten. Doch selbst dann gibt es einige Pflegetricks und hilfreiche Maschinen, die die Arbeit erheblich erleichtern.

Rasen mähen

„Echter" Rasen ist kurz. Zum ersten Mal im Jahr wird bestehender Rasen gemäht, wenn er sich vom Winter erholt hat und auf etwa 8 cm herangewachsen ist. Jungen Rasen, der erst ausgesät wurde, sollten Sie auf etwa 10 cm heranwachsen lassen, bis er das erste Mal gemäht wird. Ideal ist eine Schnitthöhe von 5 cm. Je länger die Tage werden und je wärmer es wird, umso kräftiger wächst der Rasen und muss dementsprechend oft gemäht werden. Im Hochsommer, wenn es stark regnet, kann es passieren, dass Sie gar bis zu zweimal in der Woche mähen müssen – vorausgesetzt, Sie wünschen sich einen „klassischen Rasen".

Wichtig: Mähen Sie nur bei gutem, aber nicht zu sonnigem und heißem Wetter, sonst trocknet der Rasen aus. Ferner sollte das Gras trocken sein.

Der richtige Rasenmäher

Für Besitzer eines durchschnittlich großen Gartens, die sich die Arbeit erleichtern möchten, sind elektrische Rasenmäher die erste Wahl: Sie sind ohne großen Kraftaufwand zu bedienen und leise, d. h., die Lärmbelästigung, der man selbst und die Umwelt beim Mähen ausgesetzt ist, hält sich in annehmbaren Grenzen. Elektrorasenmäher gibt es mit Kabel und als Akkugeräte. Letztere sind besonders bequem und sicher. Zur Grundausstattung kommt ein Grasfangkorb hinzu: Er erspart Ihnen das Zusammenrechen des Schnittguts.

Noch weniger arbeitsaufwendig ist das Rasenmähen, wenn erst gar kein Schnittgut anfällt. Diesen Luxus bietet Ihnen ein Mulchmäher. Er zerkleinert das Schnittgut sehr fein und verteilt es auf dem Rasen, wo es in kurzer Zeit verrottet. Der Vorteil: Sie brauchen den Grasschnitt nicht zu entsorgen und spa-

Roboter

Keine Lust auf Rasenmähen und Gras entsorgen? Dann lassen Sie die Arbeit von einem Mulchmähroboter erledigen!
Eine britische Roboterfirma hat den Mähroboter RoboMow entwickelt, der selbst große Rasenflächen kurz hält und gleichzeitig das Schnittgut auf dem Rasen entsorgt. Die „Wundermaschine" kann bequem über das Internet bestellt werden.

ren sich auch weitgehend das Düngen. Aber Vorsicht: Da immer wieder kleine Grasschnitzel auf dem Rasen aufgebracht werden, kann es passieren, dass dieser verfilzt. Doch auch dafür gibt es eine bequeme Lösung: Sie kaufen einen Mulchmäher mit Grasfangkorb. Auf diese Weise können Sie dem Rasen eine Mulchpause gönnen. So hat der Rasenmulch mehr Zeit zum Verrotten und verfilzt nicht so leicht.

Frühjahrskur für den Rasen

Alle Jahre wieder … Im Frühjahr ist der Rasen unansehnlich gelb und an einigen Stellen verfilzt. Was tun? Jetzt ist es Zeit für eine Frühjahrskur. Dabei wird er abgetragen und Dünger ausgebracht. An Stellen, an denen der Boden verdichtet ist, wird zusätzlich aerifiziert, d. h. der Boden wird belüftet. Wie geht man dabei vor? Als Erstes mähen Sie den Rasen. Danach wird er entfilzt, d. h. vertikutiert. Dabei wird die Fläche von abgestorbenen Rasengräsern, Moos und Unkräutern befreit. Jetzt haben die Rasenpflanzen wieder Platz zum Wachsen. Für diesen Arbeitsgang gibt es Handgeräte, die auf einen Steckgriff aufgesetzt werden können. Greifen Sie auch hier lieber zu einem Elektrogerät, wenn Sie sich Arbeit sparen wollen; einige gibt es sogar mit Fangkorb. So sparen Sie sich wieder das Einsammeln des Rasenfilzes. Beim Aerifizieren werden 5 bis 9 cm tiefe und 2 cm dicke Löcher in die Rasenfläche gestochen. Anschließend muss man diese mit Sand auffüllen.

Kleine Flächen kann man belüften, indem man einfach mit der Grabgabel in regelmäßigen Abständen einsticht und den Boden lockert; für größere Flächen empfiehlt sich ein Aerifizierer. Übers Internet finden Sie Verleihfirmen, die Aerifizierer bereitstellen. Diese Geräte stechen das Gras und die darunterliegende Erde aus. Sie müssen also den Auswurf einsammeln und entsorgen sowie die Löcher mit Sand verfüllen – dafür gibt es leider (noch) kein Gerät. Klingt sehr arbeitsintensiv und anstrengend. Doch für Hobbygärtner mit ein wenig Geduld gibt es eine einfachere Lösung: Säen Sie nach dem Vertikutieren auf den Stellen, wo der Boden verdichtet ist, Gründüngerpflanzen aus, die den Boden mit ihren Pfahlwurzeln tiefgründig lockern.

Ideal ist die Saatmischung „Landsberger Gemenge". Sie können aber auch einzelne Sorten aussäen, z. B. Ackerbohne, Lupine, Sonnenblumen oder Steinklee.

Jetzt zur Rasendüngung. Hier können Sie sich zwischen zwei pflegeleichten Lösungen entscheiden: Im Gartenfachhandel gibt es eine große Auswahl an Langzeitdüngern, die sich mit einem Streuwagen bequem ausbringen lassen. Alternativ können Sie, wenn Sie genug reife, fein gesiebte Komposterde haben, diese mit einem Rechen auf dem Rasen verteilen.

Übrigens: Besonders clevere Hobbygärtner erledigen das Düngen, wenn absehbar ist, dass es kurz darauf stark regnet und die Erde bzw. der Dünger in den Boden eingeschwemmt wird. Wer sich nicht nach dem Wetter richten kann oder will, muss nach der Rasenpflegekur selbst für Wasser sorgen – am arbeitssparendsten natürlich mit einem automatischen Bewässerungssystem!

Unkraut im Rasen

Gänseblümchen, Vogelmiere, Löwenzahn … Solche Pflanzen haben in einem „echten" Rasen nichts zu suchen. Sie gelten als Unkraut. Wie geht man damit um? Unkrautvernichtungsmittel sind in einem Naturgarten fehl am Platz – sie zerstören das biologische Gleichgewicht. Wenn Sie Wert auf einen sortenreinen Rasen legen, dann sollten Sie zweimal im Jahr, im Frühling und im Früh-

Nach der Pflege

Nach dem Vertikutieren kann es passieren, dass in Ihrem Rasen unschöne Lücken zu sehen sind. Säen Sie an diesen Stellen Rasen nach und bedecken Sie die Saat mit Sand, gemischt mit Humus. Ebenfalls wichtig: Hinterher muss der Rasen geschont werden. Gewähren Sie ihm vier bis sechs Wochen, um sich zu erholen und gießen Sie regelmäßig. Je weniger der Rasen in dieser Zeit betreten wird, desto besser!

Gänseblümchen, stark ausbreiten und den Rasen an manchen Stellen verdrängen. Was tun? Meist genügt es, wenn Sie heißes Wasser darüber gießen. In wenigen Tagen ist die Stelle braun. Dann brauchen Sie nur noch die abgestorbenen Pflanzen mit einem Rechen abtragen, Rasen aussäen und ein wenig Sand, vermischt mit Erde, auftragen, gießen – fertig. Naturbegeisterte Hobbygärtner säen an „Reparaturstellen" Blumenrasen ein. Auf diese Weise erhalten sie Inseln mit Blumenrasen, der sich nach und nach auf den gesamten Rasen ausdehnt (vgl. Seite 37).

herbst, vertikutieren (vgl. Seite 45), anschließend wieder Rasen aussäen und düngen. Auf diese Weise haben Unkräuter kaum eine Chance, sich zu entfalten.

Einfacher und arbeitssparender ist es, wenn Sie Ihre Sichtweise auf die Pflanzen ändern, die als Unkraut im Rasen gelten. Was ist Unkraut eigentlich? Es sind keinesfalls minderwertige Pflanzen. Das Einzige, was sie von den übrigen Pflanzen unterscheidet, ist, dass sie in ihrer Umgebung als störend empfunden werden. Wie wäre es also, wenn Sie sich mit Gänseblümchen & Co. ein wenig anfreunden? „Unkraut" ist ein Stück lebendige Natur, die Vielfalt in Ihren Garten bringt.

So weit, so gut. Dennoch kann es passieren, dass sich einzelne Pflanzen, wie z. B. das

Rasenschnitt, Vertikutier- und Aerifiziergut entsorgen

Egal, ob Sie sich für einen pflegeleichten Blumenrasen oder für einen „klassischen" Rasen entscheiden – bei der Pflege fällt organisches Material an. Wohin entsorgen? Eine schnelle Lösung ist es, die Biotonne damit zu füllen. Bioabfälle werden in großen Kompostieranlagen entsorgt und kommen als Komposterde in den biologischen Kreislauf zurück. Alternativ dazu können Sie das Schnittgut bzw. die „Grünabfälle", die beim Vertikutieren anfallen, kompostieren. Achten Sie darauf, dass Sie das Rasenmaterial gut mit weniger feuchtem Material mischen. Falls Sie kein organisches Material haben, können Sie auf Zeitungspapier und unbedruckte Pappe ausweichen.

Dazu kommen weitere Optionen: Eine ist das Mulchen. Angetrockneter Rasenschnitt ist eine gute Mulchschicht auf den Gemüsebeeten. Und wohin mit dem Vertikutier- und Aerifiziergut? Eine gute Möglichkeit ist es, die Masse mit Komposterde zu durchmischen und einen Haufen am Eck des Gemüsebeets damit aufzuschichten. Darüber kommt als oberste Schicht Gartenerde. Bepflanzt wird der kleine Hügel mit wärmeliebenden Starkzehrern wie Kürbis, Gurken oder Zucchini. Der Vorteil: Sie entsorgen Biomasse und schaffen damit wertvollen Gemüsepflanzen einen idealen Standort.

Rasenfitness für den Winter

Damit der Rasen den Winter gut übersteht, sollten Sie im Herbst noch einmal vertikutieren und düngen. Verwenden Sie für die Herbstdüngung ein Düngepräparat mit hohem Kalianteil. Kalium stärkt die Zellwände und schützt den Rasen vor Frostschäden. Anschließend ist es wichtig, dass sich der Rasen erholt: Mähen Sie ihn vor der Winterpause nicht zu kurz, 5 cm Schnitthöhe sind das Minimum. Achten Sie auf das Laub, das jetzt von Bäumen und Büschen fällt. Wird es nicht entfernt, bekommt der Rasen gelbe Flecken. Er kann sogar zu schimmeln anfangen. Rechen Sie es deshalb regelmäßig beiseite.
Und im Winter? Da heißt es, den Rasen möglichst wenig betreten. Vor allem, wenn Frost herrscht, werden die empfindlichen Gräser geschädigt. Da Rasen im Winter nicht nachwächst, kann er sich nicht erholen; Moose breiten sich aus, und Sie haben viel Arbeit, wenn Sie Ihren Rasen im nächsten Frühjahr wieder auf Vordermann bringen wollen.

Hecken, Sträucher und Bäume pflegen

Damit der Garten harmonisch wirkt und sich die Pflanzen optimal entwickeln können, ist es notwendig, größere Gehölze wie Sträucher und Bäume zu schneiden bzw. in Form zu bringen und ausreichend mit Nährstoffen zu versorgen.

Hecken pflegen

Regelmäßig geschnitten werden nur Formschnitthecken. Am einfachsten ist es, wenn Sie eine elektrische Strauchschere mit Akku verwenden und die Hecke nur so hoch wachsen lassen, dass Sie sie noch im Stehen

schneiden können. Denn wenn Sie beim Heckeschneiden auf eine Leiter verzichten, sparen Sie sich das ständige Auf und Ab sowie das Verschieben der Leiter. Auch die Unfallgefahr ist viel geringer, da Sie nicht herunterfallen können.

Damit die Hecke nach dem Schnitt nicht unabsichtlich schief oder gewellt ist, sollten Sie an den Seiten Stäbe in die Erde stecken und Richtschnüre daran befestigen. Schneiden Sie Hecken stets so, dass die natürliche Form weitgehend beibehalten wird. Sprich: Unten ist die Pflanze breiter als oben. So gelangt genügend Licht an die unteren Äste und sie verkahlen nicht.

Wie häufig eine Schnitthecke geschnitten werden muss, hängt von der Wuchsstärke der Pflanzen ab – bei Buchs reicht ein Schnitt im Jahr, Ligusterhecken sollten in der Vegetationszeit mindestens alle zwei Monate in Form gebracht werden. Frei wachsende Blütenhecken werden nicht regelmäßig geschnitten. Wenn Sie dennoch den Eindruck haben, dass Ihre Hecke unförmig geworden ist oder dass einzelne Pflanzen nicht gut gedeihen, dann sollten Sie sie auslichten. Dabei werden vor allem ältere Äste entfernt. Auf diese Weise schaffen Sie Platz für junge Triebe.

Hecken verjüngen: Je älter Hecken werden, desto dicker werden die Stämme und Äste. Das gilt auch für Formschnitthecken, bei denen die neuen Triebe regelmäßig abgeschnitten werden. Sie drohen, mit der Zeit zu verkahlen und werden unansehnlich. Doch keine Angst – Sie brauchen die Hecke nicht zu ersetzen. Der Pflegeleicht-Trick heißt hier

Verjüngen. So treibt die Hecke wieder mehr von innen heraus aus.
Das Verjüngen geschieht mit einem starken Rückschnitt nach Plan. Man unterscheidet dabei zwei Möglichkeiten: Einige Heckenpflanzen vertragen es gut, wenn man sie auf den Stock setzt, d. h. die Hecke komplett auf rund 10 bis 20 cm über dem Boden zurückschneidet. Diese Methode ist jedoch nur für Feldahorn, Hainbuche, Kirschlorbeer, Liguster, Linde und Weißdorn geeignet, nicht aber für Nadelholzhecken. Der Zurück zur Formschnitthecke: Wer beim Verjüngen einer Formschnitthecke auf den Sichtschutz nicht verzichten möchte, kann schrittweise vorgehen. Dabei schneiden Sie im ersten Jahr die Seitentriebe auf einer Seite stark zurück, im darauffolgenden Jahr ist dann die andere Seite an der Reihe.
Diese Art der Verjüngung eignet sich nicht für Nadelholzhecken. Kürzen Sie bei diesen vielmehr nur die Jahrestriebe und schneiden Sie nicht in das alte Holz; es treibt nicht mehr aus.

Wohin mit dem Schnittgut?

Als Hobbygärtner mit Sinn für die Natur dürfen Sie in einer wenig einsehbaren Ecke einen Reisighaufen liegen lassen. Viele Tiere wie z. B. der Igel freuen sich. Das übrige Schnittgut wird mit einem Elektrohäcksler zerkleinert.
Die Schnitzel sind vielseitig verwendbar – etwa als Wegbelag im Gemüsegarten, als Mulchschicht zwischen den Pflanzen oder als Beigabe für den Komposter.

Vorteil: Die Hecke treibt im Frühjahr komplett neu aus.
Diese Art der Verjüngung können Sie auch bei frei wachsenden Blütenhecken anwenden: Kürzen Sie dabei aber nicht die gesamte Hecke ein, sondern nur wenige Meter, und das in regelmäßigen Abständen. Auf diese Weise erhalten Sie die vielfältigen Funktionen der Hecke wie Lärmschutz, Windbrecher und Lebensraum für zahlreiche Tiere.

Hecken düngen: Wenn Hecken zurückgeschnitten bzw. verjüngt werden, brauchen die Pflanzen wieder Kraft, um neue Triebe zu bilden. Sprich: Nach Schnittaktionen ist eine Düngung notwendig. Gut geeignet sind Heckendünger, die kontinuierlich Nährstoffe an die Pflanzen abgeben. Diese erhalten Sie im Gartenfachhandel.
Dazu kommen stark stickstoffhaltige organische Dünger wie Hornspäne, Komposterde

– natürlich aus dem eigenen Garten – oder gut abgelagerter Dung. Ideal ist auch hier eine Schicht Mulch als Ergänzung: Damit sieht der Boden unterhalb der Heckenpflanzen besser aus und Sie verhindern, dass die wertvollen Nährstoffe von unerwünschten Pflanzen, die sich auf dem Dünger ansiedeln, aufgebraucht werden.

Sträucher pflegen

Für sommergrüne Ziersträucher gilt dasselbe wie für frei wachsende Blütenhecken: Es werden abgestorbene Zweige und daneben vor allem ältere Zweige entfernt. So stellen Sie sicher, dass die Sträucher regelmäßig neu austreiben.

Pflegeleichte Obststräucher wie Johannis- und Stachelbeeren werden genauso behandelt: Lassen Sie nach der Ernte nur sechs bis zehn Ruten stehen. Anschließend wird wieder gedüngt; das Schnittgut kann wie beim Heckenschnitt gehäckselt werden.

Baumpflege

Ziel und Zweck der Baumpflege ist es, Bäume gesund zu halten bzw. von Schädlingsbefall und Krankheiten zu befreien. Inzwischen gibt es den Beruf des Baumpflegers, der in öffentlichen Parks mit Motorsäge und heilenden Tinkturen für die Gesundheit der Bäume sorgt. Auch wenn Sie Spezialarbeiten lieber den Fachleuten Ihrer Gärtnerei überlassen, bleibt dennoch einiges zu tun.

Vermehrung

Johannis- und Stachelbeersträucher lassen sich sehr leicht mit Stecklingen vermehren: Einfach eine Rute, die beim Auslichten abgeschnitten wurde, auf etwa 20 cm einkürzen und in einen Topf mit guter Gartenerde stecken. Nach wenigen Wochen bilden sich Wurzeln, und Sie haben eine weitere Pflanze Ihrer Lieblingssorte.

Baumschnitt: Eine der wichtigsten und zugleich strittigsten Maßnahmen bei der Baumpflege ist der Baumschnitt. Dieser ist notwendig, wenn Teile eines Baums abgestorben sind und abzubrechen drohen. Ferner dient er bei Obstbäumen dazu, die Ernteerträge zu optimieren und den Baum gesund zu erhalten. Der Baumschnitt ist ein nachhaltiger Eingriff, auf den Bäume von Art zu Art unterschiedlich reagieren.

Dazu kommt, dass bei großen Bäumen spezielles Material und Know-how nötig sind. Klettern Sie besser nicht auf eine Leiter oder gar auf den Baum. Beauftragen Sie bei älteren, sehr großen Bäumen stattdessen einen Gärtner. Er hilft Ihnen bei Bedarf auch bei der Beseitigung des Schnittguts.

Kleinwüchsige Spindelbüsche und Buschbäume benötigen weit weniger Schnitt – eigentlich reicht es, wenn Sie im Sommer „Wassertriebe" und krankes sowie abgestorbenes Holz schneiden. Noch weniger aufwendig ist der Schnitt von Säulenbäumchen; hier brauchen Sie, wenn überhaupt, nur die Seitentriebe ein wenig einzukürzen.

Krankheiten und Schädlinge: Am besten beugen Sie Schädlingen und Krankheiten vor, wenn Sie robuste Arten und Sorten auswählen und an Stellen einpflanzen, an denen gute Wachstumsbedingungen geboten sind. Berücksichtigen Sie die Licht- und Bodenverhältnisse und denken Sie auch daran, dass Ihr Baum genügend Platz braucht, um sich zu entwickeln.

Obstbäume, die gut mit Nährstoffen versorgt sind, tragen nicht nur besser, sie sind auch widerstandsfähiger. Besonders in den ersten Jahren ist es wichtig, dass Sie regelmäßig düngen. Der beste Zeitpunkt, um Obstbäume zu düngen, ist der Februar. Verwenden Sie dafür kaliumbetonten Volldünger. Der Dünger wird großflächig um den Stamm verteilt, und zwar auf einer Fläche, die in etwa der Baumkrone entspricht. Bei älteren Obstbäumen ist es sinnvoll, auf der Baumscheibe ab Juli Gründünger auszusäen: Er lockert den Boden in größeren Tiefen und reichert ihn mit Nährstoffen an. Ideal sind z. B. Kapuzinerkresse, Klee, Wicken und Lupinen. Nach der Blüte werden die Gründüngerpflanzen gemäht und bleiben als Mulchschicht auf der Baumscheibe liegen.

Sichtschutz im Garten

„My home is my castle" – das gilt nicht nur für Haus und Wohnung. Auch im Garten sind wir die meiste Zeit am liebsten für uns. Ein Wunsch, der in Reihenhaussiedlungen nicht immer leicht zu verwirklichen ist.

Rankgitter

Zugegeben – der platzsparendste und schnellste Sichtschutz sind blickdichte Elemente aus druckimprägniertem Holz, Bambus, Naturfasern oder Kunststoff. Sie haben jedoch auch Nachteile: Die meisten Materialien bleichen mit der Zeit aus und werden unansehnlich. Nicht zu unterschätzen ist auch ihre Windanfälligkeit. Bei einem Sturm kann es passieren, dass sie aus der Verankerung gerissen werden.
Eine gute Alternative sind Rankgitter aus Holz, die mit Kletterpflanzen bewachsen werden. Sie bieten zwar keinen vollständigen Sichtschutz, dieser Nachteil wird allerdings mehr als aufgewogen: Rankgitter sind durch die Blätter und Blüten der Kletterpflanzen vor der Sonne geschützt und bleichen nicht aus – Nachstreichen ist also nicht nötig. Und dank der Lücken zwischen den Sprossen kann ihnen auch der stärkste Wind kaum etwas anhaben.

Jahr für Jahr ein wenig dichter

Das ist das Grundprinzip, nach dem der pflegeleichte Sichtschutz mit Kletterpflanzen funktioniert. Hierfür eignen sich Ranker wie z. B. Geißblatt oder Waldrebe. Damit die Abtrennung möglichst wenig blickdurchlässig ist, sollten Sie Ihre Rankpflanze mit Efeu ergänzen. Efeu ist ein langsam wachsender Selbstkletterer, der nach einiger Zeit das Gitter mit seinen dekorativen Blättern vollständig überzieht. In den ersten Jahren empfiehlt es sich jedoch, zusätzlich einjährige Kletterpflanzen zu setzen. Dabei passen Duftwicken am besten zu Waldreben. Feuerbohnen, Schwarzäugige Susanne oder Kapuzinerkresse harmonieren farblich sehr gut mit dem Geißblatt.

Darüber hinaus gibt es einige einfache Maßnahmen, mit denen Sie Ihrem Baum helfen können, gesund zu bleiben. Etwa Leimringe, insektizidfreie Schädlingsbekämpfer, die allein mit ihrer Klebewirkung Schädlinge abwehren. Wenn Sie Ihre Bäume vor Frostspannern, blattfressenden Raupen, Blutläusen und Ameisen schützen wollen, dann bringen Sie im Spätsommer einen vogelsicheren Leimring in einer Höhe von etwa 1 m dicht um den Stamm und den Stützpfeiler an. Im Mai sollte der Ring wieder abgenommen werden.

Grundsätzlich gilt: Bevor Sie auf eigene Faust zur chemischen Keule greifen, sollten Sie lieber biologische Mittel wie Jauchen und Brühen anwenden. Diese kann man selbst zubereiten. Einfacher ist es allerdings, sich im Internet und Gartenfachhandel fertige Präparate zu besorgen.

Wenn Sie gezielt eine Schädlingsart bekämpfen wollen, reicht es übrigens oft schon, Nützlinge auszusetzen – auch sie gibt es im Gartenfachhandel und im Internet zu kaufen.

Überwinterung: Um Obstbäume vor Frostschäden zu schützen, ist es sinnvoll, die Stämme im Herbst mit einem Kalkanstrich zu versorgen. Er verhindert, dass sich die Rinde zu stark erwärmt und vermehrt Wasser vom Boden in die Krone transportiert, das dann in der Nacht gefriert und die Zellen zum Platzen bringt. Der Baum wird so vor Frostrissen geschützt.

Einfache Pflegearbeiten im Gemüsegarten

Das A und O eines pflegeleichten Gemüsegartens: Verzichten Sie darauf, selbst Pflanzen zu ziehen. Viel einfacher, arbeits- und zeitsparender ist es, diese beim Gärtner zu kaufen.

Richtig gießen

Die Hauptarbeit im Gemüsegarten ist das Gießen. Gießen Sie möglichst am frühen Morgen oder abends. Dann kann das Wasser gut in den Boden eindringen und verdunstet nicht sofort. Ideal ist Wasser aus der Regentonne: Es ist weich und hat die richtige Temperatur.

Einen großen Teil der Gießarbeit können Sie sich sparen, wenn Sie Ihren Gemüsegarten mulchen.

Was ist Mulchen?

Mulchen bedeutet, dass der Boden mit organischen Materialien, die nach und nach verrotten, abgedeckt wird. Ideal ist z. B. Häckselgut, angetrockneter Rasenschnitt, Laub oder Stroh. Legen Sie das Mulchmaterial nicht zu dicht an die Pflanzen. Es sollte stets ein Abstand von mehreren Zentimetern beibehalten werden.

Die Vorteile des Mulchens liegen auf der Hand: Sie müssen nicht so oft gießen, da der Boden nicht mehr direkt der Sonne ausgesetzt ist und weniger austrocknet. Ferner können Sie auf diese Weise ihren Rasenschnitt und andere klein geschnittene organische Materialien aus dem Garten entsorgen, die nebenbei verrotten und dem Boden auf

Gegen Schnecken

Um Schnecken zu vertreiben, sollten Sie mit Pflanzenteilen mulchen, die Schnecken nicht mögen. Feines, trockenes Häckselgut sowie Sägemehl, vermischt mit Sand und/oder zerbröselten Eierschalen, eignen sich hierfür übrigens besonders gut.

Vorab: die Bodenkontrolle

Bevor Sie Ihren Gemüsegarten bepflanzen, sollten Sie den Boden genau kontrollieren: Die Erde muss unkrautfrei und feinkrümelig sein. Mit Hacken können Sie Erdklumpen zerkleinern und zugleich die Mulchschicht vom Herbst in den Boden einarbeiten.

diese Weise Nährstoffe zuführen – somit müssen Sie auch weniger düngen. Außerdem verhindert eine Mulchschicht, dass sich unerwünschte Pflanzen, d. h. Unkräuter, ansiedeln können. Sie müssen deshalb auch kaum Unkraut jäten.

Winterschutz im Naturgarten

In einem Naturgarten ist Winterschutz kaum nötig. Schließlich wachsen hier nur Pflanzen, die an unser Klima angepasst sind. Eine Ausnahme sind junge Gewächse und solche, die erst vor wenigen Wochen umgesetzt bzw. eingepflanzt wurden: Hier ist in jedem Fall ein effektiver Winterschutz notwendig. Dafür eignet sich Laub, das von Fichtenzweigen bedeckt wird.

Wenn Sie auch Ihren übrigen Pflanzen etwas Gutes für die kalte Jahreszeit tun wollen, dann verteilen Sie das Laub, das von den Bäumen und Sträuchern auf den Rasen fällt, als Mulchschicht auf den Baumscheiben oder am Boden der Hecken. Alternativ können Sie es auch auf den abgeernteten Gemüsebeeten verstreuen.

Um den Rotteprozess des Laubs zu beschleunigen, können Sie es mit einer geeigneten Pflanzenjauche übergießen oder Kompostbeschleuniger darüberstreuen und anschließend gießen. Auf diese Weise haben sich die Blätter bis zum späten Frühjahr zersetzt; zugleich ist der Boden darunter von den Würmern und anderen Kleinlebewesen gelockert.

Alternativ dazu können Sie eine winterharte Gründüngung auf Ihren Beeten ausbringen. Auch hier ergeben sich vielfältige Vorteile: Sie schützen den Boden davor, dass über den Winter Restnährstoffe ausgewaschen werden und führen ihm zugleich neue Nährstoffe zu.

Übrigens: Obstbäume brauchen in Gegenden, in denen regelmäßig Frost herrscht, einen schützenden Kalkanstrich am Stamm. Damit verhindert man, dass dieser Risse bekommt und Krankheitserreger eindringen.

So geht's schneller

Laub zersetzt sich umso schneller, je kleiner die Blätter sind. Fahren Sie einmal mit dem Rasenmäher über das Laub auf dem Boden. So wird es nicht nur klein gehackt, sondern zugleich arbeitssparend im Fangkorb gesammelt.

Pflanzenkunde von A–Z

Ein- und Zweijährige für das Blumenbeet

Kapuzinerkresse

Tropaeolum majus

Die Kapuzinerkresse gehört zu den Dauerblühern im Garten. Achten Sie beim Kauf der Samen oder Pflanzen darauf, dass es buschig wachsende Sorten und rankende Kletterer gibt. Die buschigen Sorten, die etwa 30 cm hoch werden, eignen sich gut für Blumenbeete, Töpfe, Ampeln oder Balkonkästen. Die Ranker, die etwa 2 bis 3 m hoch werden, bewachsen Zäune und andere Kletterhilfen oder bedecken wie Bodendecker den Boden.

Pflegeleicht-Vorteil: In frostfreien Gegenden sät sich die Kapuzinerkresse selbst aus und verbleibt daher über viele Jahre im Garten. Sie wirkt abwehrend auf Ameisen, Blattläuse, Mäuse, Raupen, Schnecken und Wühlmäuse und ist ideal als dekorative Bepflanzung von Baumscheiben.

Standort: Die Kapuzinerkresse gedeiht in sonnigen und halbschattigen Lagen auf fast allen Gartenböden; am besten blüht sie allerdings auf Böden mit einem geringen Stickstoffgehalt.

Pflege: Achten Sie darauf, dass die Pflanze nicht austrocknet – das genügt!

Löwenmaul

Antirrhinum majus

Das Löwenmaul ist seit dem 16. Jahrhundert eine der beliebtesten Gartenblumen. Es gibt zahlreiche Sorten von 20 bis 100 cm Höhe, die in verschiedenen Farben – von Weiß, Gelb über Orange und Rot – blühen.

Pflegeleicht-Vorteil: In frostfreien Gegenden können die Pflanzen sogar überwintern – dann sind sie mehrjährig. Das Löwenmaul blüht ununterbrochen von Juni bis September und kommt auch sehr gut in Ampeln, Kästen und großen Töpfen zur Geltung. Größere Arten sind auch als Schnittblume geeignet.

Standort: Das Löwenmaul gedeiht in sonnigen Lagen und bevorzugt nährstoffreichen Boden.

Pflege: Es benötigt keine besondere Pflege. Wer möchte, kann die Samenstände entfernen, dann blüht die Pflanze stärker.

Ringelblume

Calendula officinalis

Die Ringelblume gehört zur Familie der Korbblütler und ist in der Regel einjährig. Es gibt zahlreiche Sorten in Wuchshöhen von

etwa 20 bis 50 cm; darunter auch einige mit gefüllten Blüten.

Pflegeleicht-Vorteil: Ringelblumen blühen von Mai bis Oktober in verschiedenen Orangetönen und säen sich selbst aus. Sie sind attraktive Gründüngerpflanzen, die Schnecken abwehren und deshalb als Barriere für schneckengefährdete Pflanzen eingesetzt werden können.

Standort: Ideal sind ein sonniger oder halbschattiger Standort und ein nährstoffreicher Boden.

Pflege: Die Ringelblume braucht eigentlich keine Pflege. Wer möchte, kann die Samenstände entfernen, dann blüht sie stärker.

Sonnenblume

Helianthus annuus

Die Sonnenblume stammt ursprünglich aus Nordamerika. Mit einer Höhe von – je nach Sorte – 100 bis 300 cm ist sie die am schnellsten wachsende und größte Blume in unseren Gärten, die zudem Sommerstimmung verbreitet.

Pflegeleicht-Vorteil: Einmal angepflanzt, säen sich Sonnenblumen, wenn man die Blüten mit den Sonnenblumenkernen stehen lässt, meist selbst aus. Sie wurzeln tief und lockern den Boden tiefgründig. Sehr gut wachsen sie auch in einem großen Topf auf dem Balkon oder der Terrasse, wo sie von Juli bis zum ersten Frost blühen.

Standort: Ideal ist ein feuchter und windgeschützter Standort. Sonnenblumen sind Starkzehrer, sie benötigen also einen nährstoffreichen Boden.

Pflege: Wer in seinem Garten keine windgeschützte Ecke hat, sollte die Pflanzen an einem Stock befestigen. Ansonsten benötigt die Sonnenblume keine besondere Pflege.

Studentenblume

Tagetes

Die Studentenblume stammt ursprünglich aus Mexiko. Derzeit gibt es rund 60 Arten, die zwischen 10 und 80 cm hoch werden. Sie blühen – je nach Sorte – zitronengelb bis braunrot ab Mitte Mai bis zum ersten Frost.

Es gibt sie mit einfachen und gefüllten Blüten in verschiedenen Größen.

Pflegeleicht-Vorteil: Tagetes gehören zu den vielseitigsten Gartenblumen. Sie eignen sich für Beete ebenso wie für Kübel und Balkonkästen. Sie schützen den Boden vor Nematoden, d. h. Fadenwürmern. Daher ist es ideal, wenn Sie Tagetes im Gemüsebeet aussäen oder pflanzen.

Standort: Tagetes gedeihen am besten auf lehmig-humosen Böden.

Pflege: Die Tagetes braucht keine besondere Pflege. Wer möchte, kann die Samenstände entfernen, dann blüht sie stärker.

Vergissmeinnicht

Myosotis sylvatica

Mit seinem lockeren Wuchs und den zarten rosa und hellblauen Blüten passt das Vergissmeinnicht besonders gut in Naturgärten und kann sehr schön mit weiß, rosa und rot blühenden Blumen oder Sträuchern kombiniert werden.

Pflegeleicht-Vorteil: Das Vergissmeinnicht sät sich nach dem Verblühen selbst aus und ist deshalb über viele Jahre im Garten heimisch.

Standort: Es gedeiht am besten auf humosen Böden in sonniger und halbschattiger Lage.

Pflege: Möglichst nicht direkt auf die Pflanzen gießen, sonst droht Mehltau.

Nacktschnecken

Wer seinen Garten von Nacktschnecken befreien will, pflanzt Tagetes an verschiedene Stellen und wartet, bis sie von den Schnecken befallen werden. Sobald sich einige Tiere angesammelt haben, ist die Gelegenheit günstig, um sie abzusammeln und in der Biotonne zu entsorgen.

Pflegeleichte Blütenstauden

Akelei

Aquilegia

Die Akelei gehört zu den robustesten, blühfreudigsten und zugleich schönsten Gartenstauden. Es gibt sie in verschiedenen Wuchshöhen von 20 bis 70 cm und in verschiedenen Blütenfarben – von Weiß, über Blau bis hin zu Rot und Violett. Besonders auffällig sind die zweifarbigen Sorten. Akeleien blühen von Mai bis Juni.

Pflegeleicht-Vorteil: Die Akelei bildet nach der Blüte attraktive Samenstände und sät

sich selbst aus. Auf diese Weise verbreitet sich die Staude von selbst im Garten. Sie gedeiht auf den unterschiedlichsten Standorten und wird nicht von Schnecken befallen.

Standort: Ideal ist es, wenn Sie die Akelei im Halbschatten auf feuchten Standorten mit humusreichen Böden pflanzen – dann blüht sie am schönsten und bildet besonders große Horste.

Pflege: Sobald sich die Staude selbst ausgesät hat, sollten Sie die Staude dicht über dem Boden zurückschneiden. Das Schnittgut kommt auf den Kompost.

Astilbe/Prachtspiere

Astilbe Arendsii Hybriden

Mit ihren federartigen Blütenrispen in Rot, Rosa und Weiß bringt die Astilbe Farbe in schattige und halbschattige Gärten. Mit ihren gezackten Blättern und den Blütenrispen ist die rund 60 cm hohe Astilbe eine der attraktivsten Sommerstauden.

Pflegeleicht-Vorteil: Die Staude ist ein ausdauernder, anspruchsloser Blüher, der auf nahezu jedem Gartenboden gedeiht und gut mit Farnen und anderen Waldpflanzen kombiniert werden kann.

Standort: Ideal ist ein halbschattiger bis vollschattiger Standort mit humosem Boden.

Pflege: Im Winter ein wenig mit Laub abdecken – so ist die Staude vor Frost geschützt und wird von der Mulchschicht zugleich gedüngt.

Bauern-Pfingstrose

Paeonia officinalis

Die Bauern-Pfingstrose gehört in jeden ländlichen Garten und passt sehr gut zur Akelei.

Die – je nach Art – weißen, rosa und dunkelroten gefüllten Blüten entfalten ihre ganze Pracht im Mai und Juni. Dekorativ sind auch die Blätter dieser beliebten Bauerngartenblume, die 60 bis 100 cm hoch wird.

Pflegeleicht-Vorteil: Pfingstrosen werden nicht von Schnecken befallen und sind sehr ausdauernd. Ideal auch als Schnittblume. Große Stöcke können im Frühjahr ausgegraben und geteilt werden. Auf diese Weise kann man die Pflanze leicht vermehren.

Standort: Pfingstrosen gedeihen am besten auf humusreichen, sonnigen bis halbschattigen Standorten.

Pflege: Schneiden Sie Verblühtes ab, da die Samenbildung die Pflanze schwächt.

Beinwell/Comfrey

Symphytum officinale

Beinwell ist seit der Römerzeit als Heilpflanze bekannt; im Mittelalter wurde er in Klostergärten kultiviert und hat in Bauern- und Naturgärten seit jeher seinen festen Platz. Mit seinen zartblauen und rosa Blüten, mit denen er von April bis August Insekten anlockt, gehört der Beinwell zu den Dauerblühern.

Pflegeleicht-Vorteil: Einmal angepflanzt, breitet sich der Beinwell von selbst aus und schließt rasch Lücken im Staudenbeet. Er benötigt keinen Winterschutz, ist generell sehr robust und gedeiht bei den unterschiedlichsten Standort- und Witterungsbedingungen.

Standort: Ideal sind lehmig-humose, feuchte Böden in vollsonniger bis schattiger Lage. Absolut anspruchslos.

Pflege: Keine Pflege notwendig!

Flammenblume/Gartenphlox

Phlox paniculata

Der Gartenphlox, der aus Nordamerika stammt und im 18. Jahrhundert nach Europa kam, ist die klassische Staudenblume schlechthin und deshalb in fast jedem Garten anzutreffen. Die Pflanzen erreichen bis zu 140 cm und blühen, je nach Art, in Weiß, Hellrosa, Rot und Violett von Juni bis September; abends duften sie besonders intensiv.

Pflegeleicht-Vorteil: Vielseitige Gartenstaude, die leicht vermehrt werden kann. Einfach im Frühjahr den Wurzelstock ausgraben, mit

einem Messer teilen und neu einsetzen. Alternativ können Sie Stecklinge schneiden und bewurzeln lassen.
Standort: Der Phlox mag einen nährstoffreichen, stets feuchten Boden und gedeiht in sonnigen bis leicht schattigen Ecken.
Pflege: Im Frühjahr ausreichend mit Humus düngen und während der Blütezeit stets den Boden feucht halten. Nach der Blüte im September dicht über dem Boden zurückschneiden.

Flockenblume

Centaurea

Flockenblumen sind aufrecht wachsende Stauden, die – je nach Sorte – zwischen 40 und 120 cm hoch werden und bereits seit Generationen im Naturgarten zu finden sind. Ihre zarten, Kornblumen sehr ähnlichen Blütenstände machen sie besonders attraktiv. Am bekanntesten ist die Sorte C. montana mit ihren blauen Blüten.
Pflegeleicht-Vorteil: Flockenblumen sind ausdauernde Blüher, die mit der Zeit stattliche Horste bilden. Die Pflanze kann durch Wurzelteilung vermehrt werden und braucht kaum Dünger.
Standort: Flockenblumen gedeihen am besten auf trockenen, sonnigen Beeten mit durchlässigen Böden.
Pflege: Schneiden Sie Verblühtes ab, um weitere Blüten zu erhalten.

Glattblattaster

Aster novi belgii

Mit ihren – je nach Sorte – leuchtend pinkfarbenen, violettblauen und weißen Blüten ist die bis zu 140 cm hohe Glattblattaster von Mitte August bis Mitte Oktober einer der Höhepunkte im Staudenbeet.
Pflegeleicht-Vorteil: Ausdauernde, überreich blühende Staude, die keinen Frostschutz benötigt.
Standort: Glattblatt-Astern gedeihen am besten in einer windgeschützten Lage in voller Sonne und brauchen gute, nährstoffreiche Gartenerde.
Pflege: Schützen Sie die Pflanzen mit einem Staudenring vor dem Umknicken. Im Herbst, nach der Blüte, sollten Sie die Staude zurückschneiden und mit frischem Kompost düngen.

Hauswurz

Sempervivum-Hybriden

Mit nur 10 bis 20 cm Höhe gehören die Hauswurz-Arten zu den „Minis“ in der Familie der Stauden. Die dickblättrigen, fleischigen Blätter sind in dekorativen Rosetten angeordnet und das ganze Jahr über grün bzw. – je nach Sorte – rostrot. Besonders hübsch sind die Pflanzen zur Blütezeit von Juni bis Juli.
Pflegeleicht-Vorteil: Hauswurz-Arten sind winterhart, müssen kaum gegossen werden

und brauchen keinen Dünger. Leicht ist auch die Vermehrung: Einfach die Tochterpflanzen abnehmen und in sandiges Substrat stecken.
Standort: Idealer Lückenfüller im Kies- oder Steingarten. Benötigt durchlässigen, nährstoffarmen Boden und gedeiht am besten in vollsonnigen Lagen.
Pflege: Hauswurz ist völlig anspruchslos und benötigt keine Pflege.

Herbst-Anemone

Anemone hupehensis

Die Herbstanemone stammt ursprünglich aus China und Japan, passt aber mit ihren eleganten Blättern und dezenten Blüten sehr gut in einen Naturgarten mit heimischen Pflanzen. Herbstanemonen blühen, je nach Sorte, im Spätsommer in Weiß, Rosa und Rosarot und werden zwischen 80 und 100 cm hoch.
Pflegeleicht-Vorteil: Ausdauernde, robuste Staude mit üppiger Blütenpracht, die sich über unterirdische Ausläufer ausbreitet. Als Schnittblume sehr gut geeignet.
Standort: Herbst-Anemonen gedeihen am besten auf humosen Böden; ideal ist ein halbschattiger Standort.
Pflege: Mulchen Sie die Stauden im Herbst mit einer schützenden Laubschicht.

Kugeldistel

Echinops ritro

Mit einer Höhe von 80 bis 120 cm, ihren markant gezackten Blättern und ihren runden, stahlblauen Blüten ist die Kugeldistel nicht nur eine der auffälligsten, sondern auch der anspruchslosesten heimischen Stauden.
Pflegeleicht-Vorteil: Kugeldisteln säen sich selbst aus und werden nicht von Schnecken befallen. Sie müssen nicht gedüngt werden, sind auch nach der Blüte sehr dekorativ und brauchen keinen Frostschutz.
Standort: Am besten gedeihen sie an einem vollsonnigen, trockenen Standort mit nährstoffarmem Boden.
Pflege: Schneiden Sie im Frühjahr die Stängel vom Vorjahr ab.

Purpur-Fetthenne

Sedum telephium

Formschöne, etwa 60 cm hohe Beetstaude, die von September bis Oktober je nach Sorte rosa bis rostrot blüht und jede Menge Bienen und Schmetterlinge anlockt.
Pflegeleicht-Vorteil: Die Purpur-Fetthenne ist eine robuste Staude, die nicht unter

Schneckenbefall leidet und mit den unterschiedlichsten Standorten und Witterungsbedingungen zurechtkommt. Einfach ist auch die Vermehrung mit Stecklingen.

Standort: Ideal ist ein sonniger bis halbschattiger Standort mit nährstoffreichem Boden.

Pflege: Da die Pflanze erst im Herbst blüht, sollten Sie die dekorativen Blütenstände den Winter über stehen lassen und erst im Frühjahr abschneiden.

Tränendes Herz

Dicentra spectabilis

Das Tränende Herz, eine beliebte Bauerngartenblume, ist eine buschig wachsende Staude mit dekorativen Blättern und Blüten. Die weißen und rosa Sorten blühen von Mai bis Juni. Nach der Blüte zieht die Staude ein.

Pflegeleicht-Vorteil: Das Tränende Herz wird nicht von Schnecken befallen und ist ein üppiger Blüher, der mit den Jahren stattliche Horste bildet. Die Staude ist leicht durch Teilung des Wurzelstocks zu vermehren.

Standort: Das Tränende Herz gedeiht am besten auf lockerem, humusreichem Boden in sonniger bis halbschattiger Lage.

Pflege: Bedecken Sie den Wurzelstock im Herbst mit einer schützenden Laubschicht – so kann der Frost der Staude nichts anhaben.

Zwiebel- und Knollenblumen zum Verwildern

Kleine Traubenhyazinthe

Muscari botryoides

Die Kleine Traubenhyazinthe gehört zu den Pflanzen, die wie Tulpen, Narzissen und andere Hyazinthengewächse von 1560 bis 1620 aus dem Nahen Osten nach Mitteleuropa eingeführt wurden.

Pflegeleicht-Vorteil: Traubenhyazinthen vermehren sich mithilfe von Tochterzwiebeln von selbst.

Standort: Traubenhyazinthen gedeihen am besten an feuchten Standorten in sonnigen und halbschattigen Lagen.
Pflege: Schneiden Sie die Blätter nicht ab bzw. warten Sie mit dem Rasenmähen, bis sie gelblich braun geworden sind.

Krokus

Crocus

Kaum fängt der Schnee im Frühjahr zu schmelzen an, schon spitzen die Knospen der Krokusse darunter hervor. Die beste Sorte zum Verwildern ist der Elfenkrokus Crocus tommasinianus, dessen verschiedenen Sorten in den Farben Weiß bis Dunkelviolett blühen.
Pflegeleicht-Vorteil: Einmal im Garten heimisch, breiten sich Krokusse ohne Zutun aus.
Standort: Krokusse gedeihen am besten an den Rändern von Hecken und dort, wo der Rasen nicht betreten wird. Sie benötigen einen humusreichen, aber durchlässigen Boden.
Pflege: Warten Sie mit dem Entfernen der Blätter bzw. mit dem Rasenmähen, bis sie gelblich braun geworden sind.

Schneeglöckchen

Galanthus nivalis

Das Schneeglöckchen, das zu den ersten Frühjahrsblühern gehört, ist eine heimische Zwiebelpflanze mit einer erstaunlichen Heilwirkung: Aus dem Naturstoff Galantamin, den das Schneeglöckchen produziert, wird ein Medikament gegen Demenz entwickelt.
Pflegeleicht-Vorteil: Schneeglöckchen bilden „Kindl", d. h. Tochterzwiebeln, aus denen sich neue Pflanzen entwickeln.
Standort: Schneeglöckchen lieben halbschattige bis schattige Standorte und benötigen einen humusreichen, durchlässigen Boden.
Pflege: Warten Sie mit dem Entfernen der Blätter bzw. mit dem Rasenmähen, bis sie gelblich braun geworden sind.

Wildtulpe

Tulipa

Wildtulpen stammen wie Hyazinthen und viele andere Zwiebelblumen aus dem Orient. Weil sie so beliebt sind, gibt es heute unzählige Zuchtformen. Während botanische Tulpen von Jahr zu Jahr weniger

blühen, verbreiten sich Wildtulpen über Tochterzwiebeln. Eine der bekanntesten Sorten ist die gelbweiß blühende Tulipa tarda.
Pflegeleicht-Vorteil: Einmal im Garten heimisch, vermehren sich Wildtulpen von selbst.
Standort: Wildtulpen benötigen einen nährstoffreichen, wasserdurchlässigen Boden in sonniger, warmer Lage. Ideal sind Plätze unter Gehölzen, am Rand von Hecken, im Stein- und Kiesgarten.
Pflege: Warten Sie mit dem Entfernen der Blätter bzw. mit dem Rasenmähen, bis sie gelblich braun geworden sind, damit die Wurzel daraus Nährstoffe ziehen kann.

Winterling
Eranthis hyemalis

Der kleine, gelb blühende Winterling ist für Bienen eine der ersten Nahrungsquellen im Jahr. Winterlinge bringen nicht nur Farbe in den Vorfrühling, sie duften einfach herrlich.
Pflegeleicht-Vorteil: Der Winterling vermehrt sich von selbst.
Standort: Am besten gedeiht die Pflanze in feuchter, humoser Erde.
Pflege: Keine Pflege notwendig.

Zwiebeln und Knollen richtig pflanzen

Wie tief Knollen und Zwiebeln gepflanzt werden, hängt von ihrer Größe ab. Dabei gilt folgende Faustregel: Heben Sie den Boden doppelt so tief aus, wie die Knolle bzw. Zwiebel groß ist. Wenn Sie die Zwiebeln und Knollen verschiedener Blumen mischen und breitwürfig im Garten ausstreuen, haben Sie im Frühjahr eine bunte Blumenwiese.

Anspruchslose Zierbäume

Kleinkroniger Kugeltrompetenbaum
Catalpa bignonioides

Mit seinen exotischen Blüten und seiner kugelrunden Form ist der Kugeltrompetenbaum ein echter Hingucker. Den Baum, der aus Ostasien und Amerika stammt, findet man bei uns vor allem in Parks.
Pflegeleicht-Vorteil: Kugelbäume behalten ihre Kugelform und müssen nicht in Form geschnitten werden. Mit ihren Blättern ver-

treiben Trompetenbäume erfolgreich Mücken und Fliegen.
Standort: Ideal ist ein windgeschützter Platz mit humosem, nährstoffreichem Boden.
Pflege: Keine Pflege notwendig!

Kugelsteppenkirsche

Prunus fruticosa ‚Globosa'

Die Kugelsteppenkirsche ist der ideale Kleinbaum für alle, die nur sehr wenig Platz in ihrem (Vor-)Garten haben. Von April bis Mai blüht sie weiß, dann zeigen sich kleine rote Kirschen.
Pflegeleicht-Vorteil: Kugelbäume behalten ihre Kugelform und müssen nicht in Form geschnitten werden. Der Baum kommt auch mit Trockenheit gut zurecht.
Standort: Die Kugelsteppenkirsche wächst am besten in sonnigen bis halbschattigen Lagen und bevorzugt humosen Gartenboden.
Pflege: Benötigt keine besondere Pflege, absolut anspruchslos.

Salweide

Salix caprea

Die Salweide gehört zu den anspruchslosesten Vertretern der Weiden. Besonders dekorativ sind die silbergrauen „Kätzchenblüten", die jedes Frühjahr unzählige Bienen anlocken.
Pflegeleicht-Vorteil: Salweiden sind völlig anspruchslos und vertragen einen Schnitt sehr gut. Sie können also ohne schlechtes Gewissen ein paar Kätzchenzweige im Frühjahr abschneiden und in eine Vase stellen. Übrigens: Salweiden lassen sich gut durch Stecklinge vermehren und eignen sich auch für die Anpflanzung in Blütenhecken.
Standort: Salweiden gedeihen am besten an sonnigen Standorten mit humosem, feuchtem Boden.
Pflege: Diese Zierbäume benötigen keine besondere Pflege.

Kreativ gärtnern

Salweiden nehmen einen Radikalschnitt nicht übel und können nach Bedarf auf diese Weise verjüngt werden. Aus den biegsamen Ruten, die übrig bleiben, können Sie lebende Zäune, Flechthecken oder ein lebendes Weidenhaus bauen.

Schmuck-Eberesche

Sorbus decora

Die Schmuck-Eberesche ist der schönste Vertreter der ökologisch so wertvollen Ebereschen: Ihre dekorativen orangeroten Früchte werden von über 60 verschiedenen Vogelarten verspeist.
Pflegeleicht-Vorteil: Die Schmuck-Eberesche gedeiht auf den unterschiedlichsten Gartenböden – von mäßig trockenen über

humosen bis hin zu steinigen Lehmböden. Sie ist auch kalkverträglich.
Standort: Die Schmuck-Eberesche wächst am besten in sonnigen bis halbschattigen Lagen und liebt feuchten, humosen Boden.
Pflege: Keine Pflege notwendig.

Zuckerhutfichte

Picea glauca „Conica"

Die Zuckerhutfichte, eine Zuchtform der Weißfichte, ist ein hübscher, in Zuckerhutform wachsender, klein bleibender, immergrüner Nadelbaum. Besonders für sehr kleine Gärten zu empfehlen. An den Rand von einem Weg z. B. im Vorgarten gepflanzt, bilden Zuckerhutfichten eine kleine Allee aus grünen Kegeln.
Pflegeleicht-Vorteil: Zuckerhutfichten müssen und dürfen nicht geschnitten werden, sonst verkahlen sie. Sie wachsen auch sehr

gut in Kübeln auf dem Balkon oder auf der Terrasse.
Standort: Die Zuckerhutfichte gedeiht am besten im Halbschatten. Ideal ist ein wasserdurchlässiger, humusreicher und kalkhaltiger Boden.
Pflege: Die Zuckerhutfichte benötigt keine Pflege.

Dekorative Ziersträucher

Buchs

Buxus sempervirens

Die meisten kennen den Buchs nur als Einfassung im Bauern- oder Gemüsegarten oder als Solitärstrauch, der in Form geschnitten wird. Das ist aber gar nicht nötig: Buchsbaum wächst so langsam, dass man ihn, einzeln gepflanzt, viele Jahre lang gar nicht schneiden muss. Der ideale Strauch für kleine Gärten – hier sorgt er im Herbst und Winter für grüne Farbtupfer.
Pflegeleicht-Vorteil: Buchsbaum ist ein vielseitiger, besonders langsam wachsender, völlig dichter Strauch, der sehr leicht mit

Stecklingen vermehrt werden kann. Wird er als Schnitthecke gezogen, dann genügt ein Schnitt pro Jahr.
Standort: Buchsbaum gedeiht am besten auf nahrhaften Böden in sonniger, halbschattiger und schattiger Lage.
Pflege: Buchsbaum benötigt keine Pflege.

Flieder

Syringa vulgaris

Der Flieder ist ein schmal wachsender, sehr dauerhafter, dekorativer Großstrauch, dessen große Blütenrispen – je nach Sorte – von weiß über rosa und hellbau bis hin zu blaulila blühen und dabei intensiv duften.
Pflegeleicht-Vorteil: Flieder ist anspruchslos; ältere Büsche können durch einen radikalen Schnitt sehr leicht verjüngt werden.
Standort: Besonders gut gedeiht Flieder auf humosen, nährstoff- und kalkreichen Böden.

Pflege: Flieder braucht eigentlich keine Pflege. Wer möchte, kann Verblühtes abschneiden.

Gewöhnlicher Schneeball

Viburnum opulus

Kugelrund und strahlend weiß sind die Blüten des gewöhnlichen Schneeballs, der zu den beliebtesten Sträuchern in unseren Gärten zählt. Aus den Blüten entwickeln sich im Sommer dekorative rote Beeren.
Pflegeleicht-Vorteil: Der Schneeball kann leicht mit Absenkern oder Stecklingen vermehrt werden und eignet sich als frei stehender Strauch ebenso wie für eine Blütenhecke. Mit seinen leuchtend weißen Blüten bringt er Licht in schattige Standorte und gedeiht sogar in feuchten, schattigen Lagen.
Standort: Der Schneeball wächst auf humosen, feuchten Böden in sonniger bis schattiger Lage.
Pflege: Wenn Sie den Schneeball an einen sonnigen Standort pflanzen, müssen Sie darauf achten, dass der Boden im Sommer immer feucht ist.

Gewöhnliche Stechpalme/Ilex

Ilex aquifolium

Die Stechpalme ist ein imposanter immergrüner, sehr langsam wachsender Strauch mit leuchtend roten Früchten. Besonderes Kennzeichen sind die Blätter mit ihren dornenförmigen Spitzen. Als Hecke gepflanzt, ist Ilex nahezu undurchdringlich.

Pflegeleicht-Vorteil: Ilex ist ein dekorativer Lückenfüller an schattigen Standorten, der keine besonderen Bodenansprüche hat. Er kann sehr leicht durch Stecklinge vermehrt werden.

Standort: Ilex gedeiht in halbschattigen bis schattigen Lagen und kommt auch auf mageren Böden gut zurecht.

Pflege: Keine Pflege notwendig.

Spierstrauch

Spiraea-Arten

Spiersträucher, die es in vielen verschiedenen Arten und Wuchshöhen von 80 bis 200 cm gibt, gehören zu den pflegeleichtesten Arten im Garten. Größere Arten wie die weiß blühende Brautspiere Spiraea x arguta sind für frei wachsende Blütenhecken und Schnitthecken gut geeignet. Kleinere, rosa oder weiß blühende Arten sind ideal für Vorgärten.

Pflegeleicht-Vorteil: Spiersträucher sind sehr gut schnittverträglich und können mit einem Radikalschnitt problemlos verjüngt werden. Die Brautspiere wächst so dicht, dass sie unbelaubt auch im Winter einen guten Sichtschutz bietet.

Standort: Spiersträucher gedeihen auf allen Gartenböden sowohl in sonnigen als auch in halbschattigen und schattigen Lagen.

Pflege: Nach Bedarf zurückschneiden – das genügt!

Einjährige Kletterpflanzen

Feuerbohne/Prunkbohne

Phaseolus coccineus

Die Feuerbohne ist eine dekorative Blütenpflanze und Gemüse in einem: Von Juni bis September zeigt sie ihre feuerroten Schmetterlingsblüten, aus denen sich bis zu 25 cm lange Bohnen entwickeln.

Pflegeleicht-Vorteil: Feuerbohnen tolerieren kühle Witterung besser als andere einjährige Kletterpflanzen; sie vertragen sogar leichten Frost und können sehr rasch eine Höhe von 400 cm erreichen. Die Pflanze gedeiht auch in großen Töpfen auf dem Balkon gut.

Standort: Feuerbohnen gehören zu den wenigen (einjährigen) Kletterpflanzen, die auch im Halbschatten gut gedeihen und bei gleichmäßig feuchter und mäßig warmer Witterung schmackhafte Früchte entwickeln.

Pflege: Gießen Sie großzügig, vor allem wenn es heiß ist.

Zierkürbis

Cucurbita pepo

Zierkürbisse sind doppelt reizvoll: Von Juli bis September schmücken sie Ihren Garten mit großen trichterförmigen, gelben Blüten, aus denen im Herbst dekorative Früchte in den unterschiedlichsten Formen entstehen. Die Farbpalette der Früchte reicht von Weiß über Grün, Gelb und Orange bis hin zu Rot. Es gibt sogar mehrfarbige Exemplare.

Pflegeleicht-Vorteil: Zierkürbisse sind ein besonders dekorativer Sichtschutz, der sehr schnell eine Höhe von bis zu 500 cm erreicht. Als Kletterhilfe reichen straff gespannte, stabile Schnüre.

Standort: Zierkürbisse benötigen einen nährstoffreichen, feuchten Boden in sonniger Lage.

Pflege: Die Pflanzen dürfen nicht austrocknen. Regelmäßig wässern!

Mehrjährige Kletterpflanzen

Efeu

Hedera

Efeu ist ein immergrüner Klassiker, der sowohl als Bodendecker als auch als langsam wachsende Kletterpflanze verwendet werden kann.

Pflegeleicht-Vorteil: Efeu benötigt keine Rankhilfe, da er sich mit Haftwurzeln auf dem Untergrund festhält. Er ist ein langsam wachsender, anspruchsloser, frostharter Kletterer, der leicht mit Absenkern oder Stecklingen vermehrt werden kann. Er kommt in Gegenden mit belasteter Luft gut zurecht und wächst deshalb auch in der Nähe stark befahrener Straßen.

Standort: Efeu gedeiht in sonnigen, halbschattigen und schattigen Lagen mit humosen Böden.

Pflege: Efeu benötigt keine Pflege, kann aber bei Bedarf stark zurückgeschnitten werden.

Italienische Waldrebe/Clematis

Clematis

Ihre Beliebtheit hat die Waldrebe ihren üppigen Blüten zu verdanken. Inzwischen gibt

Vorsicht: Haftwurzeln!

Kontrollieren Sie die Mauer, bevor Sie Efeu zum Begrünen von Wänden einsetzen. Haftwurzeln können leicht in Ritzen eindringen und das Mauerwerk beschädigen. Ideal sind Efeu und generell alle Kletterer mit Haftwurzeln deshalb für Pergolen oder zum Begrünen von Trennwänden aus Holz.

es neben Wildarten eine Vielzahl von Sorten in verschiedenen Farben – von Weiß über Rosa und Blau bis hin zu Rubinrot.

Pflegeleicht-Vorteil: Italienische Waldreben sind mittelstark wachsende Kletterer, die mit Blattranken an Gittern und Drähten in die Höhe ranken und nicht zurückgeschnitten werden müssen. Anders als die übrigen Clematis-Sorten werden die berühmten Italienische Waldreben nicht von der Clematis-Welke befallen.

Standort: Waldreben wachsen am besten in sonnigen und halbschattigen Lagen auf humosen, mäßig feuchten Böden. Wichtig ist, dass der „Fuß“ der Pflanze schattig steht.

Pflege: Benötigt keine besondere Pflege.

Waldgeißblatt

Lonicera periclymenum

Das Waldgeißblatt ist eine heimische Schlingpflanze, deren bezaubernden zarten Blüten vor allem in den Abendstunden intensiv duften.

Pflegeleicht-Vorteil: Das Waldgeißblatt ist sehr robust und kann relativ einfach mit Stecklingen vermehrt werden. Es rankt an Seilen, Gittern und Stäben empor und verträgt bei Bedarf auch einen starken Rückschnitt.

Standort: Das Waldgeißblatt liebt sonnige bis halbschattige Standorte mit humosem Boden.

Pflege: Keine Pflege notwendig.

Wilder Wein

Parthenocissus quinquefolia

Wilder Wein verleiht jedem Garten mediterranes Flair. Besonders schön sind die gezackten Blätter im Herbst, wenn sie sich rostrot färben und ganze Hauserfassaden schmücken.

Pflegeleicht-Vorteil: Wilder Wein ist ein schnellwüchsiger Kletterer, der in kurzer Zeit große Höhen überwindet. Er kommt mit allen Gartenböden und Lagen zurecht und verträgt auch starken Rückschnitt. Aus dem Schnittgut kann man Stecklinge herstellen und die Pflanze auf diese Weise vermehren.

Standort: Am besten gedeiht Wilder Wein in sonnigen und halbschattigen Lagen, er wächst aber auch im Schatten.

Pflege: Wilder Wein benötigt keine besondere Pflege.

Gartenkalender

Der Garten rund ums Jahr

Pflegeleicht gärtnern heißt, mit geschickter Planung und arbeitssparenden Geräten die Gartenarbeit leicht und effektiv zu gestalten. Was dabei zu beachten ist und welche Arbeiten anfallen, haben Ihnen die vorangegangenen Kapitel gezeigt. Doch was ist in den verschiedenen Gartenbereichen rund ums ganze Jahr zu tun? Der Gartenkalender listet, übersichtlich nach Monaten unterteilt, alle Arbeiten auf, die in einem Pflegeleicht-Garten zu erledigen sind. So wird das Gärtnern noch einfacher!

Januar

- Frostschutz bei jungen Bäumen und Sträuchern kontrollieren, bei Bedarf mit Laub und kleinen Stückchen aus Karton, bedeckt von Fichtenreisig oder Jutesäcken, ergänzen. Den Kalkschutzanstrich bei Obstbäumen kontrollieren und ggf. nachbessern.
- An frostfreien Tagen die Bäume und Sträucher in Kübeln und Töpfen gießen.
- Gartengeräte pflegen.
- Bei starkem Schneefall den Schnee von den Sträuchern und Bäumen abschütteln, damit die Zweige nicht abknicken.

Februar

- Bei starkem Frost die Triebspitzen der Frühjahrsblüher mit Laub abdecken.
- Stängel und Samenstände spät blühender Stauden zurückschneiden.
- Einen Anbauplan für den Gemüsegarten festlegen; berücksichtigen Sie die Fruchtfolge und kombinieren Sie die Pflanzen nach den Regeln der Mischkultur.
- Obstbäume schneiden. Gelbfallen gegen Schädlinge an Obstbäumen und Sträuchern anbringen.
- An frostfreien Tagen Kompostsilo leeren und Kompost auf den Gartenbeeten ausbringen.

März

- Wenn der Boden schneefrei und gut abgetrocknet ist, können Sie die Beete für die Gemüsepflanzung vorbereiten: Schützende Laubschicht und Kompost einarbeiten bzw. Gründüngung aussäen.
- Stauden und Ziersträucher pflanzen bzw. üppige Stauden durch Wurzelteilung vermehren.

April

- Frühjahrskur für den Rasen: erst vertikutieren, bei Bedarf aerifizieren, dann in die Lücken Rasen aussäen und frische Komposterde, gemischt mit Sand, darübergeben. Alternativ dazu Rasenlangzeitdünger ausbringen.
- Erster Zeitpunkt im Jahr für die Neuanlage von Rasen bzw. Wiesen oder Blumenrasen.
- Pflanzzeit für Obstgehölze: Zuerst werden Steinobstsorten wie Pfirsich, Pflaumen und Kirschen gepflanzt, danach ist das Kernobst – also Äpfel und Birnen – an der Reihe.
- Leimringe um die Stämme neu gepflanzter Obstbäume legen.

Mai

- Früh blühende Stauden nach dem Abblühen teilen und auf diese Weise wirksam vermehren.
- Ein- und zweijährige Blumen pflanzen.
- Nach den Eisheiligen Mitte Mai den Gemüsegarten bepflanzen.
- Erster Schnitt beim Blumenrasen; „normaler" Rasen muss bei feuchtwarmem Wetter bis Anfang August nahezu jede Woche aufs Neue gemäht werden.

- Blätter der Frühjahrszwiebelblüher können jetzt entfernt werden.
- Schneckenanfällige Pflanzen im Zier- und Gemüsegarten mit einer Mulchschicht aus Sand, gemischt mit grobem Holzhäckselgut, schützen.
- Kirschbäume mit Netzen überziehen, um die Ernte vor Vögeln zu schützen.
- Erdbeerbeete mit Stroh als Schutz vor Schnecken mulchen.

Juni

- Unerwünschte Kräuter, die sich im Rasen ausbreiten, mit heißem Wasser übergießen. Nach dem Absterben der Pflanzen Rasen einsäen und die Stelle mit Kompost, gemischt mit Sand, bedecken.
- Beginn der Ernte beim Beerenobst. Nach dem Abernten ältere Zweige abschneiden und die Sträucher auf diese Weise auslichten und verjüngen.
- Beerenobst wie Johannis-, Stachel- und Himbeeren mit Stecklingen vermehren.
- Gute Erdbeersorten durch Ableger vermehren: „Kindl" in feinkrümelige Erde stecken und regelmäßig gießen.
- Topfobst auf dem Balkon bzw. der Terrasse regelmäßig gießen.

- Letzter Zeitpunkt, um die Lücken im Ziergarten zu schließen: robuste ein- und zweijährige Blumen pflanzen.
- Wenn die Margeriten verblüht sind, ist es Zeit, die Blumenwiese das erste Mal im Jahr zu mähen.

Juli

- Formschnitthecken schneiden. Das Schnittgut häckseln, antrocknen lassen und als Mulchschicht unter der Hecke bzw. im Gemüse- oder auch im Ziergarten ausbringen.
- Kulturen im Gemüsegarten nach Bedarf wässern und hacken. Mulch aus getrocknetem Rasenschnitt und gehäckseltem Heckenschnittgut schützt vor dem Austrocknen.
- Nach der ersten Gemüseernte gemäß den Regeln der Mischkultur eine Nachkultur pflanzen.
- Rasen häufig, aber auf keinen Fall zu kurz mähen, um ihn vor dem Austrocknen zu schützen.
- Topfpflanzen auf Balkon bzw. Terrasse regelmäßig gießen.
- Abgeblühte Stauden zurückschneiden, dann blühen sie häufig ein weiteres Mal im Spätsommer.

August

- Die Erntezeit für Äpfel beginnt. Sammeln Sie täglich Fallobst vom Boden auf.
- Sommerblühende Stauden nach der Blüte zurückschneiden. Bei Bedarf auch teilen und auf diese Weise vermehren.
- Gemüsebeete weiterhin mit angetrocknetem Rasenschnitt mulchen bzw. Gründünger aussäen. Geeignet sind Phacelia, Bitterlupinen, Sonnenblumen, Alexandriner- und Perserklee.
- Topfpflanzen auf Balkon bzw. Terrasse regelmäßig gießen.
- Im Frühling gepflanzte Gehölze ausreichend gießen und mulchen.

September

- Leimringe an den Obstbaumstämmen anbringen.
- Beginn der Pflanzzeit für Blumenzwiebeln (z. B. Tulpen, Krokusse, Narzissen).
- Beerensträucher mit Häckselgut und angetrocknetem Rasenschnitt mulchen.
- Zweiter Zeitpunkt im Jahr für die Neuanlage von Rasen.
- Empfindliche Gemüsesorten wie Tomaten, Paprika und Zucchini zum Schutz vor Nachtfrösten mit Folie abdecken.

- Topfpflanzen auf Balkon bzw. Terrasse regelmäßig gießen.
- Günstige Pflanzzeit für Bäume und Sträucher – noch ist genügend Zeit zum Einwachsen. Bäume und Sträucher, die ungünstig oder zu eng stehen, sollten jetzt umgepflanzt werden.

Oktober

- Ende der Erntezeit im Obstgarten: Ernten Sie alle Früchte, damit sich keine Schädlinge ansiedeln können und sammeln Sie das Fallobst vom Boden ab.
- Falllaub vom Rasen aufsammeln und auf Beeten und Baumscheiben als schützende Mulchschicht ausbringen.
- Kübelpflanzen an die Hauswand stellen und mit einer schützenden Laubschicht bedecken.
- Reisighaufen mit Laub abdecken: So schaffen Sie Überwinterungsquartiere für Igel, Eidechsen und viele nützliche Insekten wie z. B. Marienkäfer oder Florfliegen.
- Neue Beete mithilfe von Pappe und Laub, die über den Winter verrotten, ergänzt mit einer Schicht Kompost, anlegen.
- Letzter Zeitpunkt für den Rasenschnitt bzw. den Schnitt des Blumenrasens. Der Rasen wird zum letzten Mal im Jahr gedüngt. Letztes Mähen der Blumenwiese.

November

- Kübelpflanzen bei frostfreiem Wetter mäßig gießen.
- Leeren der frostempfindlichen Wasserleitungen. Bringen Sie frostempfindliche Gefäße ins Haus.
- Gartenmöbel aus witterungsbeständigem Holz nach Möglichkeit säubern, einölen und in einen trockenen, luftigen Unterstand bringen.
- Günstigster Zeitpunkt, um frei wachsende Blütenhecken und Formschnitthecken zu verjüngen. Das Schnittgut wird gehäckselt und unter den Büschen verstreut.
- Obstbäume, Obststräucher und Hecken erhalten eine Düngergabe.

Dezember

- Letzter Zeitpunkt zum Setzen von Blumenzwiebeln.
- An frostfreien Tagen Kompost umsetzen, gut durchmischen und mit Kompostbeschleuniger „impfen“.
- Die Stämme von Obstbäumen zum Schutz vor Frostschäden weiß kalken.

Material- und Werkzeugliste

Was brauche ich als Pflegeleicht-Gärtner? Die folgende Checkliste gibt Ihnen einen Überblick über alle Geräte und Anschaffungen, die Ihnen die Gartenarbeit erleichtern. Was habe ich schon, was muss ich noch kaufen? Mithilfe der Ankreuzkästchen können Sie sich rasch einen Überblick verschaffen und nach und nach alles Nötige besorgen.

Checkliste für die Bepflanzung eines pflegeleichten Gartens

Baustoffe, Gefäße (Baumarkt, Gartencenter)	**vorhanden**	**bestellt**	**noch zu besorgen**
Komposter, Kompostsieb	▪	▪	▪
Regentonne	▪	▪	▪
Gartenhaus	▪	▪	▪
Pflanztisch	▪	▪	▪
Körbe	▪	▪	▪
Geräte, Werkzeuge (Baumarkt, Gartencenter)	**vorhanden**	**bestellt**	**noch zu besorgen**
Ambossschere	▪	▪	▪
Grabgabel	▪	▪	▪
Sackkarre	▪	▪	▪
Kleinwerkzeug wie Schaufel, Rechen, Hacke	▪	▪	▪
Zwiebelpflanzer	▪	▪	▪
Stile für Aufsteckgartengeräte	▪	▪	▪
Stilaufsatz für einen Rechen	▪	▪	▪
Stilaufsatz für eine Hacke	▪	▪	▪
Stilaufsatz für eine kleine Säge	▪	▪	▪
Spaten	▪	▪	▪
Schaufel	▪	▪	▪
Teleskopstil	▪	▪	▪
Akku-Rasenmäher	▪	▪	▪
Akku-Heckenschere	▪	▪	▪
Arbeitsbekleidung (Baumarkt, Gartencenter)	**vorhanden**	**bestellt**	**noch zu besorgen**
Gartenhandschuhe	▪	▪	▪
Gartenschuhe	▪	▪	▪

Register

Bildnachweis

Wir bedanken uns bei allen Bildlieferanten, die uns durch die Bereitstellung von Abbildungen freundlicherweise unterstützt haben.

baumkunde.de: 23. djd/deutsche journalisten dienst: djd/www.platzregen.info 28, djd/Robert Bosch 49. fotolia.com: Antje Lindert-Rottke 9; Patrizia Tilly 11; Johanna Mühlbauer 12; Elías Gómez Muñoz 13; Phillipe Despax 14; sylwia2007 15; NiDerLander 17; Andriy Solovyov 22; evgenyb 25; Bürgi 26; Elena Elisseeva 3 o., 27; Ian Wilson 30; sherez 31; jerome berquez 32; Kondor83 33; Michael Hahn 34; Gernot Krautberger 38; Daniel Fuhr 40; RRF 41; Beverley Grace 44; Franz Metelec 51; Letty 59; Florin Capilnean 62; Cornelia Pithart 3 u., 65; Alison Bowden 66; Lianem 69; Rose Hayes 70; D. Fabri 72; Marek Kosmal 75 o.; Joy Fera 75 u.; Sascha Burkard 76, 77; thepoeticimage 78; Tobias Marx 30, 41, 53 (Hintergrundbild). IZB: 4 M., 19, 37, 57. Launer, Annette, pflanzenliebe.de: 64. mauritius images: 5, 43, 74. pixelio.de: Ulla Trampert 6; Andreas Agne 20; Helene Tissen 24; RainerSturm 4 o., 45, Sigrid Harig 47; Peter Röhl 4 r., 52; Sandy Kaliwoda 53; Gitti Moser 54; knipseline 55; hans 61. Weisl, Bettina: Schaukel-Symbol 27–42.